中國通商口岸

貿易與最早的條約港

THE CHINA COAST

TRADE AND THE FIRST TREATY PORTS

U0106750

廖樂柏（Robert Nield）著

李筱　譯

主編	潘翎
責任編輯	莊玉惜
版式及封面設計	嚴惠珊

書名	中國通商口岸——貿易與最早的條約港
	THE CHINA COAST － TRADE AND THE FIRST TREATY PORTS
著者	廖樂柏（Robert Nield）
譯者	李筱
校訂	姜竹青
出版	三聯書店（香港）有限公司
	香港鰂魚涌英皇道 1065 號東達中心 1304 室
	JOINT PUBLISHING (H.K.) CO., LTD.
	Rm. 1304, Eastern Centre, 1065 King's Road, Quarry Bay, H.K.
香港發行	香港聯合書刊物流有限公司
	香港新界大埔汀麗路 36 號 3 字樓
印刷	深圳市福威智印刷有限公司
	深圳市寶安區龍華街道辦三聯社區龍苑大道聯華工業園
版次	2010 年 6 月香港第一版第一次印刷
規格	大 32 開（140 × 210mm）272 面
國際書號	ISBN 978-962-04-2988-0

中國海岸圖，圖中標示的為本書敍述的主要地點。

目錄

1

CARTE
d'une partie
DES COTES DE LA CHINE
et des Isles adjacentes,
depuis l'Isle nommée la Pierre Blanche, jusqu'a
celle de l'Artiman.
Tracée sur les Observations faites en 1759 et 1760,
du sieau le Goudelours & du V^ro le Londres, en 1764;
Par Mr Alexandre Dalrymple.

英國海軍首位水道學家亞歷山大・道爾林普（Alexander Dalrymple, 1737-1808 年）於
1780 年繪畫的廣東河口地圖。對資料不詳的海岸線，他選擇了留空而不作瞎猜。

序言

　　古代中國的對外通商之路共有兩條：陸上的商隊和海上的商船。「商隊」一詞容易讓人聯想起那條連結着中國與波斯古絲綢之路上的駱駝與車隊；惟本著作命名為《中國通商口岸》，似乎較多地暗示重點是海上貿易，那些來自海外的貨物與商人，尤為關注飄洋過海先後抵達東海與南海的歐洲商船：最初到來的是葡萄牙人，於十六世紀抵埗，接續是荷蘭人於十七世紀到來，最後英國人在十八世紀中期之後大舉進入。中國沿海港口見證了中外海上貿易的發展。

　　相對而言，這些歐洲人其實是遲來者；早在他們之前，亞洲內部已經有一個非常繁榮的地域性商貿圈。最早可追溯至唐朝（618-907 年），懷着對中國商

（左頁）永樂皇帝（1403-1424 年在位）下令進行偉大航海活動出使東南亞，甚至遠至非洲。北京故宮博物院藏。

身穿奇裝異服的馬可孛羅
（1254-1324 年）。

《天工開物》中關於繅絲
工藝的木板畫，該書於
1637 年出版。

品的渴求，朝鮮人、阿拉伯人和穆斯林－波斯人紛紛
來到中國。當年的對外貿易集中在南部沿海和長江下
游的幾個少數大港，由當地的市舶司掌管對外貿易和
徵收關稅。初時廣州是最主要的貿易口岸，之後是泉
州，即馬可孛羅筆下的阿拉伯名字「Zayton」，意即桐
城。當時，外商須待在指定港口，嚴守該國法律，這
與後來治外法權沒有什麼兩樣（詳見第四章）。

馬可孛羅詳細記錄了十三世紀晚期的中國社會，
蒙古人建立的帝國控制了中亞的貿易路線，為類似馬
可孛羅這樣的歐洲旅行者提供便利。懷着征服世界的
雄心壯志，元朝憑藉前朝（宋朝）積累的海上實力，
一度派遣遠征軍攻打日本以及爪哇。不過，中國在海
上的實力卻要至明朝永樂年間（1403-1424 年）始達到
頂峰。人們至今還記得這位皇帝命令鄭和將軍帶領龐
大船隊下西洋的事蹟。鄭和史詩般的航行將中國的絲
綢、瓷器、黃金和白銀帶到了東南亞、印度、斯里蘭
卡（即錫蘭）和阿拉伯半島，甚至非洲東岸。鄭和下
西洋的目的是透過擴展朝貢制度至遙遠國度，來擴大
中國的政治影響。與此同時，通過朝貢制度，凡承認
中國中心地位及霸權的國家，可享有在中國經商的獨
有貿易權，從而確立中國的優越感。

鄭和去世後，朝廷停止了對海上貿易的支持。
永樂皇帝將京城從南京遷至北京，在那裡，朝廷能夠

更密切地防範來自蒙古邊境持續的威脅。朝廷對於蒙古人（他們曾是中國的征服者）的戒備，遠遠大於對海上事務投放的資源。1450年後，朝廷對於南方海外交流的興趣降到了低點，這並不是說海防高枕無憂，恰恰相反，來自日本的海盜（中國人稱其為「倭寇」）勾結內陸奸民在沿海地區進行掠劫。朝廷試圖通過海禁來維持秩序，這樣一來，與外國人私底下進行的貿易頓變為非法，海禁令商人成為走私犯，進出口變為非法走私。這就是1513年，葡萄牙人經馬來半島的馬六甲海峽抵達中國南部海岸所面對的情景。

後來，海禁解除。滿人於1644年建立大清帝國，他們對海上貿易的矛盾情緒卻未見得較諸明朝為少。統治最初四十年，內亂不止，加上1661年對沿海航運的全面禁止，海外貿易嚴重受挫。滿人用了數十年始徹底平定內亂，頭號敵人鄭成功（歐洲人稱為「國姓爺」）誓死忠於明朝，清朝必欲除之而後快。

鄭生於日本，父親是中國人，母親是日本人。他在廈門組建了一支海軍，當福建海岸失守退居台灣後，他一舉把荷蘭殖民者驅逐出台，並在那裡建立抗清海軍基地。為了與之抗衡，清朝下令浙江、福建和廣東等沿海省份和附近島嶼居民內遷，剩下荒蕪的城鎮和村莊；為斬草除根，清廷還切斷了鄭成功的軍需補給線，此舉令苟延殘喘的海上貿易蕩然無存。事情

國姓爺昂然地由他的所在地廣東離岸小島南澳的堡壘向外望。祺力高攝（Nicholas J. Kitto）。

要到 1663 年清朝攻克台灣後始有轉機，航道重新開放，中國與歐洲之間的直接貿易才有機會恢復。

乾隆皇（1736-1796 年在位）。

從那時起到大約 1759 年，歐洲人開始在廈門、泉州、廣州、福州和寧波等幾個港口進行海上貿易。然而，清廷仍然對海上貿易抱懷疑態度，擔心會再出現像鄭成功那樣的海事力量，沿用的對外政策仍是通過限制對外交流來換取穩定，於是乾隆皇帝下令將所有對外貿易局限在廣州。這就不難理解，為何在 1759 年以後的八十多年中，廣州會成為外商船隻進行合法貿易的唯一港口。直到第一次鴉片戰爭結束後，戰敗的滿清政府與大英帝國於 1842 年簽署了《南京條約》。根據條約規定，除廣州外，廈門、福州、寧波和上海也成為英國對華直接貿易的「通商口岸」。

回顧歷史，鴉片戰爭強行加給中國的顯然是自由貿易，這也是簽署《南京條約》的目的，為此，西方不惜動用武力。換言之，中國是被迫推行自由貿易、履行國際貿易的承諾；在這之前，清廷和士大夫階層對此沒有太大的興趣，他們自認為「天朝地大物博」，往往是外國人更熱衷於貿易。

1842年簽署的《南京條約》。

隨着《南京條約》的簽署，其他西方列強也以「利益均沾」為借口，紛紛傚尤。兩年後，清朝被迫同法國、美國簽署了類似條約。英、法、美三國的條約為不平等條約制度奠定基礎，此制度亦隨着日後更

多不平等條約的出現而有所擴充。越來越多通商口岸被迫開放：截至太平洋戰爭爆發，中國總共開放了七十五個通商口岸，有些雖然被稱為「口岸」，實際上遠離大海，甚至距離可供航行的河流數以千米之遙。本書重點則是最早開放的五個通商口岸，關注幾個世紀以來在那裡或其附近進行的貿易活動及經營方式。香港雖然不屬於通商口岸的範疇，鑑於因《南京條約》的一項條款割讓給了英國，所以也包含在此書中。

芝罘現稱烟台，於第二次鴉片戰爭（1856-1860 年）後成為通商口岸。

1860 年第二次鴉片戰爭（也稱為亞羅戰爭——詳見第七章）結束時，清朝與列強簽署了《天津條約》，接着簽署的《北京條約》甚至割讓香港島對面的九龍半島給英國。之後，英法聯軍用武力進一步為西方世界打開了中國的大門——在謀求商業利益的同時，傳教士亦相繼湧入。鴉片戰爭的失敗令中國備受凌辱，充分暴露清朝的積弱，而觸發清廷走向滅亡的，最明顯不過是反清、排外叛亂活動的勃興，主要是太平天國（1850-1864 年）與義和團（1895-1901 年）的叛亂。

太平天國之亂前後持續了十四年，三千萬人喪生。太平軍在中國南方勢如破竹，並在南京建立了都城。1853 年，時任香港總督般含爵士（Sir George Bonham）造訪南京，與太平天國達成協議，允許西方人在太平天國轄區內自由活動。太平軍試圖攻打上海，均被英法聯軍擊退。有鑑於此，上海商人出資贊

戈登少校正在激勵印度兵。鮑德溫項目（The Baldwin Project）提供。

一幅當代漫畫活現中國對於「最惠國待遇」所表現的反感。維多利亞女皇、德國皇帝、俄國沙皇、法國共和國國君及日本天皇，看來正貪婪地分割那肥美而多汁的餡餅——中國。

助、組建了一支洋槍隊「常勝軍」，協助軍心渙散、裝備落後的清朝軍隊鎮壓太平軍。第一任洋槍隊隊長美國人華爾（F. T. Ward），後來在寧波附近陣亡；隨後，英國人戈登少校（C. Gordon）接任。此時太平軍已節節敗退轉入防守階段，1864 年戈登率軍一舉攻克南京。

十九世紀末期，清朝內部腐敗不堪，加上列強環伺，國家遭受極端屈辱。英、法、德、日、俄等國都在積極地擴大自己的勢力範圍，掀起了瓜分中國的狂潮：雖然只有同中國接壤的日本與俄羅斯熱衷於侵佔領土，其他國家更感興趣的是如何爭奪商業利益。正是在這樣的一種背景下，一個自稱「義和團」的組織萌生於山東。由於義和團的尚武風習，他們又被稱為「義和拳」，宗旨是消滅洋人、「驅除洋教」。頑強不屈的南非農民令強大的大英帝國大傷腦筋的消息，大大鼓舞了義和團信眾的士氣，雖然他們把滿族同歸於「外人」一類，但在他們眾多的口號中，卻有一句「扶清滅洋」，故此主要的攻擊目標還是歐洲人以及國內的基督徒。義和團的信仰紛繁蕪雜，包含很多迷信以及宗教元素，包括堅信自己刀槍不入。結果當然令人失望。入京後，義和團開始圍攻外國駐華使館，當時大多數的外國人都聚集在那裡。這時，慈禧太后決定對「洋人」宣戰，藉以平息義和團的怨氣和造反

的意圖。繼較早前一次救援失敗後，1900 年 8 月，由兩萬名英、法、日、俄、美等國士兵組成的聯軍最後解開重圍。1901 年 9 月，經過多輪談判，清朝和列強終於簽署了《辛丑條約》。許多人認為該條約有關賠款的條款過於嚴苛：對戰爭中外國人生命與財產損失的賠償金額竟達到了當時中國財政收入的兩倍之多。

表述義和團奉行「義」、「和」為宗旨的一幅圖像。

　　鴉片戰爭的失敗讓中國蒙受恥辱，隨後敗給新興的軍事力量——日本——更讓情況雪上加霜。1894 年，中日雙方為爭奪朝鮮和台灣的控制權，爆發了甲午戰爭，日本軍隊出人意料地獲勝。此後，日本開始認為自己新建的軍隊戰無不勝。1904 年，為掠奪東北的資源，日俄戰爭爆發，日本再次獲勝，這使得它躍升為第一個戰勝西方強國的亞洲國家。

　　接二連三的危機越發讓清朝政府的統治難以為繼。1911 年，孫中山領導的辛亥革命結束了清廷統治，為中國第一個共和國的建立奠定了基礎。這些歷史事件在本書僅輕輕帶過，因為此著作重點乃着眼於中國沿海口岸的商貿活動。1907 年，中國 84% 的航運、34% 的棉紡和全部鋼鐵生產都控制在外國人手裡。時屆 1911 年辛亥革命時期，西方列強甚至控制了更多的戰略物資，包括至少 93% 的鐵路。通商口岸成為西方列強，尤其是英國及帝國主義入侵中國的灘頭陣地，通商口岸特別是上海，已經淪為半殖民地。

慈禧太后（1835-1908 年）。

13

失去越南控制權後，中國與法國於 1885 年 6 月 15 日簽署和平條約。刊載於《點石齋畫報》1885 年第 43 期。

本書從東西方最早的海上聯繫開始（着重講述中英之間的交流），逐一介紹六個口岸，記敍那些半殖民時期（對於香港來講，是完全殖民時期）遺留下來的景觀、建築以及其他遺跡，這些描寫均來自於作者

14

2009 年遊歷每一個口岸城市所做的親身觀察。

　　最後，要解釋本書採用的風格。書中有關通商口岸、口岸中的一些地名，還有早期歐洲人進行貿易與居住的地方，均選用了當年通用的拼寫方式。為了方便讀者將這些地方與現今地方得以聯繫，當某個地名第一次出現時，都在括號中標注了拼音，這同樣適用於索引中的參考資料。對於一些長久以來被西方所熟知的名詞則沒有改變，如 Hong Kong（香港），Chiang Kai-shek（蔣介石）和 Sun Yat-sen（孫中山）；但 Peking（北京）則代替了 Beijing（北京）。至於其他中國名字都採用漢語拼音拼寫。

PARTIE DE LA

GEDEELTE VAN 'T

ROVINCE DE QUANG TONG

ANDSCHAP QUANG-TON

Tchang-cha-tai

QUANG-HAI-CEI, ou
Quanhay

Village: Dorp

Isle [Eiland] Tongcou
ou
I. Tanco

I. Ta
ou I

Pech
Islets a
of Eil.
Paika

I. Ayen
Van Kaose
br

2

3

4

5

6

5

6

4

5

4

4

3

4

4

3

Eau Douce
Zoet-water

Salines
Zout-poelen

5

4

6

5

4

5

4

6

7

t'Ombeau
de S. Fran
cois Xavier
Graf van St
Fr. Xavier

Lac d'Eau douce
Meir van Vers-water

R. d'Eau douce
Rivier van
Vers-water

Village,
Dorp

Village,
Dorp

Shang-chwen Shan, ou
Chang-chuen-chan, ou
Isle de [of Eiland] Sancian.

Outchu, U-chu, ou Outchu: ou
le Diamant, of de Diamant.

2

3

4

5

6

5

6

9

4

7

6

5

8

7

8

6

9

2

2

3

4

8

9

在閘口的歐洲人

中國人眼中的英國人。
1761 年《皇清職貢圖》插圖。

1764 年荷蘭版的法國殖民地地圖,由法國製圖師貝利
(Jacques Nicholas Bellin, 1703-1772 年)繪製,看到浪白滘
在北面,上村島在西南方。

荷蘭製圖家約翰尼斯・布拉埃烏（Johannes Blaeu, 1596-1673 年）於 1655 年繪製的廣東省地圖。

葡萄牙人

　　滿懷冒險精神、宗教狂熱以及對東方香料產地的渴望，葡萄牙人十五世紀末開始了一系列舉世矚目的航海旅程，沿着非洲西岸南下，穿越印度洋，最終到達中國。在亞豐素雅布基（Alfonso de Albuquerque）率領下，葡萄牙人佔領了富庶的馬六甲，這使他們不僅靠近了香料群島，更進一步逼近中國朝廷的南部海域。馬六甲是東南亞港口最重要的港口，也是葡萄牙人向中國邁進的要衝，在這裡他們屠殺了一伙中國商人。不過，葡萄牙人已經從他們口中得知馬可字羅描述的那片傳奇土地並非虛幻，而是實在地存在的。

　　1513 年 5 月，奧維士（Jorge Álvares）帶領六艘船從馬六甲出發，一路航行到珠江口外伶仃洋。在這

（左頁）印度的葡萄牙總督亞豐素雅布基（1453-1515年），是早期委派葡萄牙使團到訪中國的人。

FORTALEZA DE MALACA.

葡萄牙位於馬六甲的堡壘，現時仍可見部分遺跡。澳門文化局藏。

裡，葡萄牙人看到許多來自菲律賓、婆羅洲、柬埔寨、交趾支那和暹羅的商人，還有目睹中國人忙碌地交換貨物。當時，中國沿海的貿易已經非常發達，有來自廣東汕頭、鄰省福建廈門和福州，以及浙江寧波的帆船穿梭往來。

伶仃洋北邊、珠江上游一百公里處，坐落在當時的商業中心廣州，該處錯綜複雜的河道與運河正好與北京相連。放眼望去，珠江河面上各種大大小小貨船往來不斷。奧維士在這裡做生意沒有遇到任何困難，他受到很好的接待，獲得豐厚利潤。

這一切足以讓葡萄牙下定決心與明朝建交。1517年，安德拉吉（Fernando pires de Andrade）的船隊護送着葡萄牙國王的使者托梅·皮雷斯（Tome Pires）抵達珠江口，並申請駛往廣州，以便讓使者登陸，葡萄牙人知道取道廣州是通往北京的唯一路徑。這次船隊

司令厭倦了無休止地等待，故未經批准便沿河北上，這種做法為後來的歐洲人相繼仿效。出人意料地，他在廣州得到了頗好的待遇，因而停留了數月。確保使者安頓無虞後，葡萄牙船隊便返航了。

面對來自陌生國度使者的來訪，當地政府官員陷入了驚慌與混亂。實際上，廣東總督早已得知葡萄牙船隊到來的消息，由於不知所措故以種種借口搪塞使者登陸。事後雙方達成妥協，一切責任被歸咎到翻譯身上，這名翻譯隨後被朝廷斬首。

直到 1520 年初，使者皮雷斯才得到北上的許可。5 月抵達南京，拜見了正在南巡的正德皇帝，雙方相處得很好，皮雷斯被允許進入京城。他被告知，皇帝將於翌年 1 月才會回到北京，屆時皮雷斯出使的時間已逾三年。遺憾的是還未等到再次會面，正德皇帝便駕崩了。於是，正德皇帝同外國建立交流的願望也被視為是一個失誤。新登基的嘉靖皇帝對於外交的態度與他的前任大相逕庭。葡萄牙使節因此陷入困惑，朝廷沒有收到葡萄牙人的奏章，倍感他們形跡可疑：首先是明朝的附庸國馬六甲國王派來大使請求明朝幫他們驅逐葡萄牙侵略者；其次是廣州的地方官認為，葡萄牙人來中國是想要建立自己的貿易港口。

廣州官府的擔憂是有道理的。奧維士早於 1519 年帶領另外一支遠航隊來到中國，在伶仃島上建起一

十六世紀初葡萄牙的卡瑞克帆船（Carrack）是歐洲最早的遠洋商船，由帕蒂尼爾（Patinir）的追隨者所繪。英國國家海事博物館藏。

座炮台，宣稱此舉是為了防範海盜的襲擊。明王朝雖然非常不滿意葡萄牙人擅自行動，卻繼續允許他們做生意而且對他們友善有加。兩年後，情況發生了變化。1521 年，奧維士再次從馬六甲起航，他發現建設炮台而引發的不滿依然存在。當年 5 月，正德皇帝去世，官員聲稱朝廷下命驅逐所有外國人，直到新皇帝龍顏大悅為止。由於葡萄牙人拒絕撤離，中國船隊向他們開火，許多葡萄牙人被炸死，還有一些被俘。

那邊廂，使節皮雷斯仍在北京耐心地等待時機，上呈國書，沒有意識到皇帝駕崩意味着他不再有成功的機會，這實在不是一個尋求外交與貿易交流的良好時機。大明律法容許經過批准的海上貿易，外國入口商品要在指定港口入口且支付進口關稅。此外，對於

違規的行為處罰非常嚴厲。雖然律令的初衷是確保國家獲取大部分利益，結果卻導致與外國通商的積極性受挫。正如引言所述，官方海禁的後果之一是助長了走私。

中國與東南亞之間的海上貿易不單利潤豐厚且競爭異常激烈，無形中加劇走私活動的頻繁與海盜的猖獗。隨着葡萄牙人的到來令此現象更形惡化，他們長久以來容忍海盜活動、掠奪行為，而商人們為打擊競爭對手而訴諸武力，均令暴力事件不斷增加。朝廷的對策是海禁，通過限制對外貿易遏制沿海地區的混亂。正是在這樣的背景下，時運不濟的葡萄牙特使被要求返回廣州。

嘉靖皇帝（1522-1566 年在位）驅逐了葡萄牙使者加強海禁。北京故宮博物院藏。

在這個消息到達里斯本前，葡萄牙又派出一支由馬丁‧科迪尼奧（Martim Countinho）率領的艦隊，帶着同中國簽訂條約的任務從印度出發駛向中國。途經馬六甲時，得知廣東那邊的壞消息，不過他決定繼續前進。1522 年，科迪尼奧的艦隊剛到達伶仃洋，就遭到中方的炮火攻擊。科迪尼奧認為一旦進行武力反擊，與明朝和平簽訂條約的工作將無希望，於是他派遣談判小組上岸。可是，葡萄牙談判代表受到了野蠻的凌辱，狼狽萬分地逃回船上。科迪尼奧下令撤回公海，但船隊還是遭到了攻擊。在這樣進退兩難的窘境裡，科迪尼奧除了下令還擊外別無選擇。結果，葡萄

牙艦隊損失了兩艘船，其餘四艘則得以逃脫。

這次衝突使葡萄牙特使皮雷斯和隨行人員在廣州身陷囹圄，並被擱置在一邊。皮雷斯1524年去世，他在明朝整整待了七年。隨着他的去世，西方首次與中國建交的嘗試也無疾而終。

然而，面對巨大的中國貿易利益，葡萄牙人並沒有死心。他們將注意力從廣東轉移至另外兩個沿海省份：福建和浙江，在一個與與寧波發音相近的地方「Liampo」（利岩波）建立了定居地，一般認為那裡就是寧波，但也有可能是的「雙嶼」，舟山群島中一個繁榮的非法貿易中心（詳見第十章）。

寧波一直是日本朝貢貿易的口岸，後來由於同日本貿易特使的爭執引發了社會混亂，造成中國人生命和財產的嚴重損失，明朝於1523年禁止所有同日本的貿易。1542年，葡萄牙船隊首次意外地發現日本，事緣在前往寧波途中給強風吹至，乍見日本和中國之間進行着利潤豐厚的非法貿易，葡萄牙於是在中日之間通過充當兩國的中間人和從事運輸從而賺取相當利潤。

十六世紀四十年代，葡萄牙人活躍於中日兩國、中國與東南亞之間繁榮的非法民間貿易網絡。中國海岸有大量的洞穴和離岸島嶼，為走私與海盜活動提供了非常有利的條件，造就許多中外海上商人聚集

如今舟山群島的一個島嶼。

於此。借助於這些掩護，來自日本的「倭寇」以及大量混雜其中的中國水手，在他們無法進行貿易的地方進行旋風式搶掠。

為清剿海盜，朝廷任命朱紈為浙閩提督。1548年，朱紈來到寧波，對雙嶼島倭寇海港猛烈進攻。為取悅新上任的提督，當地的一位官員一舉摧毀了位於雙嶼島上的外國人定居地，這與三百年後發生在廣東的情形何其相似。雙嶼的居民既有中國人，也有日本人、馬六甲人、暹羅人與葡萄牙人。葡萄牙人答應退後一些，但是朱紈並不罷休，1549年，親自指揮行動，追查、摧毀了多艘外國船隻，俘虜並屠殺了許多葡萄牙人及其夥伴。

另一個非法海上貿易中心是廈門附近的月港，葡萄牙人在那裡也設立了貿易基地。在鄰近的廣東省，他們與地方官員達成協議，獲允許登陸珠江口附近兩個島嶼：一個是被葡萄牙人稱為聖約翰島的上川島，另一是龍北港。最初，因為上川島從1554年開始，每年都舉辦商品交易會，因而頗出名。由於上川島易受風浪威脅，很快被更適合泊船的龍北港所取代。1555年時，葡萄牙人在那裡建造了木屋，每年有近四百名葡萄牙人在那裡過冬。

同年，憑借純熟的談判技巧和送禮行賄，葡萄牙人與廣州官員達成一項正式協議，獲准在當地做

生意。此外，雙方還探討了此前語焉不詳的海關關稅問題。中國寬廣的疆域顯然成為雙方談判的一個有力因素：中國如此之大，京城很難透徹瞭解各項協議，恐怕就連這些好勇鬥狠的夷人已捲土重來也未必知悉。

隨着貿易前景的不斷改善，一個穩定的營商環境很快重新建立起來。葡萄牙人如魚得水地做着生意，同時按照約定給廣州繳納稅款，很快他們得到至高的獎賞，一塊屬於他們的領地。珠江帶來的泥沙很容易在龍北港淤積，此外它距離通往廣州的主航線有些遠。

由於澳門沒有上述缺點，頓成為葡萄牙船長們最喜歡前赴的地方，再者，在那兒他們不用躲避四處搜捕的中國船隻。決定性的時刻到來了，老練的葡萄牙水兵利用豐富的海戰經驗，徹底擊退了一支威脅中國沿海的海盜。這些海盜們一直利用澳門作為根據地，葡萄牙人徹底將其驅逐。作為嘉獎，1557 年明朝皇帝決定允許這些曾經幫助過中國的葡萄牙人建立一片租界。

明朝將這樣一份大禮送給不久前還被明令禁止的夷人，並非沒有實際的考慮。裝備精良而又能幹的葡萄牙人的到來讓珠江口變得相對安全，有利於應付更多的海盜襲擊，同時防範了其他外國人前來干擾海運。情況大抵如此。然而如何和葡萄牙人打交道，官府一直沒有一個定論。也許出於這個原因，葡萄牙將

澳門作為租界的事情一直沒有來自官方的憑據，以後四百五十多年中，澳門一直被模糊地認定為「葡萄牙領土」。這種不確定性為當地的官員帶來不少煩惱，但考慮到這樣一來廣州的大門有了守護，總比處理那些棘手外交問題要好得多。

事實上，廣州為外國人提供的長期經商據點所帶來的穩定，讓外商很快就得到了回報。貿易顯著上升，似乎各方都受益：朝廷國庫、當地官吏、中國商人、當地的農民和漁民，當然還有葡萄牙人。到1573年，澳門當地的貿易已發展到這樣的程度，於是廣東當局決定設立海關，向通過的物品徵收關稅。這座建在狹長陸地上連接澳門與內地的關口，不僅是海關檢查站；當中國認為需要暫停澳門與外界聯繫時，這道關口也成為一道象徵性又有現實意義的大門，雖然提供一些小恩小惠的賄賂就足以避免關閉。中國不單禁

布里（Johann Theodor de Bry, 1560-1623 年）1606 年的雕刻作品。

27

止葡萄牙人入境，事實上一旦大門關閉，縱使中國商人還是提供生活給養的供應商都無法進入澳門。

從地理位置上看，澳門距離廣州非常近，在十六世紀，中國官員擔憂他們對澳門的控制不夠牢固，收益仍然有被截留的可能。他們還擔心澳門會取代廣州成為中國第一貿易城市的地位。因此1578年，地方政府命令大宗的交易必須在廣州進行，為了保證這一制度的實施，設立了一年兩次的展銷會。經過短短二十一年，澳門早年的光芒已消失殆盡。同年，向葡萄牙所佔租界徵收土地稅金的要求，提醒人們這個市場並非完全自由。

當時澳門人口只有五千至六千，生活安逸且富庶。貿易公司大都集中在半島西北部的內港沿岸，對面的南灣大馬路是商人們的宅邸。小山之間坐落着教堂和其他宗教機構。這裡沒有修築任何防禦工事，因為人們認為沒有必要；由於對租期長短並不明瞭，這裡也不允許他們建造軍事防禦。

巨大的財富正滾滾而來。只要完成四次在馬六甲、澳門和日本之間的航程，船長們便可退休坐享其成過上非常富足的生活。與中國的貿易對於澳門經濟非常重要，但更大的利潤來源於和日本的貿易。當胡椒和香料被運進澳門，渴求的中國商人趕快地拿出絲綢來交易，轉眼間絲綢被運往日本並換來了白銀。這

澳門一個廢置山頭的水彩畫，錢納利（George Chinnery, 1774-1852 年）一追隨者於 1840 年的作品。

馬德里工程師約翰‧奧特隆尼（John Ouchterlony）於 1842 年描繪的澳門關閘圍牆。

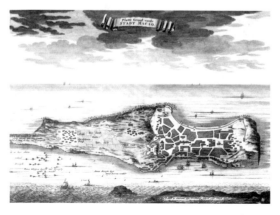

荷蘭繪圖師法倫‧退因（Francois Valentyn, 1666-1727 年）1726 年繪製的詳細澳門平面圖。

29

1848 年，畫家錢納利筆下最經典的澳門南灣一景。香港上海滙豐銀行藏。

些白銀大都被葡萄牙人返鄉時帶到了馬六甲，進而又帶到印度西部的果阿或者葡萄牙首府里斯本，但也有些白銀留在澳門，以購買更多的絲綢、瓷器、生薑、錦緞、珍珠和中藥大黃。一名小有成就的商人一次航行，財產就能翻上三倍。澳門生活是如此美好，也許比回到歐洲的生活還要好，於是許多商人和冒險家選擇在澳門定居。在這裡他們擁有美麗的東方妻子、非洲奴隸、豪華大宅，還有很多願意為他們奢華生活提供服務的中國人。

　　這片狹小的土地漸漸成為貫穿西方快速發展的國家及天朝中國的唯一通道，透過此在往後的兩到三個世紀裡，貿易、商業、思想相互交流直到今時今日，當年的海關關口（即關閘）依然存在，雖然現

在的遊客只能遙想這座小小建築當年的輝煌。現在我們必須離開澳門了，在遙遠的歐洲發生的一些事情即將把這座曾經輝煌、富有和成功的小城的光芒大為掩蓋。

現仍屹立的澳門關閘落成於 1871 年 10 月 31 日，閘上記錄了澳門總督阿馬留（Joao Maria Ferreira do Amaral）1849 年 8 月 22 日遇襲的日子，以及三天後，附近一個中國堡壘遭報復性破壞的日子。

3

荷蘭東印度公司官方的圖表繪製員科依倫（Johannes van Keulen）1753 年製作的廣東省地圖。

荷蘭人

　　在歐洲，無論是荷蘭的崛起還是葡萄牙的衰落都與西班牙有很大關係。1560 年，西班牙國王菲利普二世（Philip II of Spain）攫取了葡萄牙的王位，於是與東方貿易獲得的利潤從里斯本轉移到了馬德里，西班牙將這些資金用來打壓在歐洲興起的新教，英國和當時在西班牙統治下的荷蘭是兩個反對天主教的重要叛亂中心。菲利普國王攫取葡萄牙的財富之前，曾試圖在 1556 年下令富庶的荷蘭繳納更多的稅項。荷蘭人將這一企圖視為雙重掠奪，因為他們捐獻出的財富，竟反過來被用來鎮壓他們的宗教自由，荷蘭人決定不再逆來順受，宣佈獨立。

　　西班牙雖然沒在中國設立貿易點，但借助於十六

世紀七十年代在亞洲建立的殖民地、轉口港馬尼拉，頻繁地參與了中國的貿易活動。1573 年，第一艘西班牙帆船滿載着南美洲的白銀抵達馬尼拉，用以換取中國的絲綢和瓷器，開啟了一段在阿卡普爾科、馬尼拉、中國之間近二百五十年的繁榮貿易。馬尼拉與中國之間的貿易主要由中國商人，尤其是福建人掌握。1575 年，西班牙人抵達廈門，尋找一條直通絲綢產區的路，當他們要求設立一條直接途徑時卻被拒絕了。隨後，菲律賓成為歐洲和中國之間的重要貿易中轉站，每年春天都會有三、四十艘中國帆船載着商品來到這裡交易，然後西班牙船隻駛過太平洋將貨物帶回歐洲。

正如我們在上一章所提到的，駐紮在澳門的葡萄牙人把黃金、白銀從日本運入中國，新大陸航海線路的開闢加速白銀的流通。對於歐洲人和日本人來說，白銀是同中國進行貿易不可或缺的交易媒介。因為他們根本沒有什麼像樣的東西，而又足以媲美在中國購得的奢侈品又可以出售的。所以直到英國人發現了鴉片貿易前，白銀一直是推動中國出口的主要媒介。隨着白銀大量輸入中國，墨西哥銀幣開始在中國廣泛流通，充當中國銀錠和銅錢的輔助貨幣。

回頭說歐洲，西班牙拒絕承認新成立的荷蘭共和國。1594 年時，菲利普國王為了懲罰荷蘭商人散佈

異端邪說，禁止他們踏足里斯本。兩年後，英國和法國同荷蘭結盟共同反抗西班牙，行動如箭在弦。荷蘭商人既然無法通過里斯本獲得香料和其他商品，決意自己尋找，他們在遠東海域發現了昔日葡萄牙人的據點，且大都疏於防範，順理成章地一個接一個被荷蘭人收入囊中。

1601年，荷蘭人第一次駛向中國，帆船抵達了澳門。正如荷蘭指揮官料想的那樣，這顆號稱葡萄牙王冠上的珍珠並未設防，其實在遠東做生意的歐洲商人皆知。指揮官先行派出一隊人馬上岸偵查，結果被拒之門外，其中九個人被抓獲、處以絞刑，以儆傚尤。然而荷蘭人無視警告繼續前來。

1602年，荷蘭共和國將轄下的貿易公司合併為荷蘭東印度公司（即 Vereenigde Oostindische Compagnie, VOC），壟斷亞洲的貿易。他們向東方派出了第一支艦隊，出乎意料地很快獲得了成功，十五艘航船從荷蘭揚帆起航，擔負了多種任務，包括試圖與中國建立商業聯繫。聯合荷蘭東印度公司在巴達維亞（雅加達）建立了一個據點，不斷侵擾那些與馬六甲、澳門和日本貿易的葡萄牙船隻。

第二年，馮韋恩長官（Cornelis Van Veen）抵達澳門，又驚又喜的是他發現了著名的「黑船」，葡萄牙每年與日本貿易的重要支柱，當時這艘船正準備駛

荷蘭東印度公司在美洲使用的錢幣。銀幣鑄造權威英國斯賓克父子公司（Spink & Son）藏。

35

荷蘭東印度公司船隻正在
東邊水域作戰，佚名畫家
繪。澳門文化局藏。

向長崎，滿載着絲綢、黃金和其他值錢的貨物。趁
黑，船員們還在岸上為出境作最後準備，馮韋恩率領
手下輕易地奪取了這筆豐厚的戰利品，並將它運回荷
蘭。對荷蘭人來講，這次復仇非常令人愉快，因為他
們仍然對第一次造訪澳門的經歷記憶猶新。

　　1604 年，另一支從巴達維亞起航的船隊途經澳
門，試圖尋找一條通往廣東的新路線，但沒有找到，
於是轉而將目標定了在福建沿海。在那裡，他們花了
五個月申請貿易許可；當即將成功時，一組由五十條
中國帆船組成的艦隊出現了，他們被迫離開。福建的
地方官員正沉醉於兩個歐洲國家（荷蘭和葡萄牙）的

競購戰，部分來自澳門的葡萄牙人聲言，若荷蘭人給趕走，他們願意付出更大筆錢。

葡萄牙人現在清楚地意識到，荷蘭的戰略是將在東部海域的所有歐洲人徹底清除。在澳門，那些幾年前還被認為沒有必要的軍事防禦正在半島南岸飛快地修建着。1607 年，另外一支荷蘭艦隊出現在澳門，當他們試圖靠近福建時，再次被中方擊退。馬特里夫（Cornelis Matelief）率領的四艘船被六艘裝備更精良的葡萄牙船隻追擊，兩軍在大嶼山對出海岸正面交鋒。荷蘭人意識到自己的不利形勢：滿載貨物、遠離安全港口，難以水上作戰，只得再一次撤退。葡萄牙人知道很難維持長久優勢，儘管他們一再向西班牙控制的里斯本申請援助，卻一直沒有得到任何回音。

1609 年，荷蘭與西班牙之間簽署的《安特衛普協議》（Truce of Antwerp），使荷蘭人開始了長達

荷蘭襲擊澳門，約翰·奧格爾比（John Ogilby）1669 年繪。澳門文化局藏。

十二年的平靜期。可是協議剛一到期，荷蘭人已急不及待登陸澳門。1622 年 6 月，由十三艘船艦組成的荷蘭艦隊載着一千三百名軍人，在海爾森（Cornelis Keiersen）的統率下炮轟新修的堡壘。只有八十人的守軍進行了頑強的抵抗，還有整個澳門的人口加在一起也不到一千人。出乎意料的是葡萄牙人竟成功擊沉了一艘荷蘭船隻，但他們卻沒法預料到荷蘭從毫無設防的東北岸登陸。隨即，一切能夠上戰場的人包括非洲奴隸都披甲上陣對侵略者進行還擊。正當一切大勢已去時，守城者們仍殊死拼搏，主動出擊侵略者。一下子，荷蘭人被這景象迷惑了，再加上他們失去了指揮官，只好沒命地逃回船上、撤離到公海，戰鬥中人員損失慘重。

倖存的荷蘭人在台灣西邊的澎湖列島重整旗鼓，並建立了據點，掠奪從馬尼拉開往中國的西班牙和葡萄牙船隻。他們在那裡繼續向中國尋求交易特權，一位荷蘭船長甚至受邀赴廈門向明朝官吏遞交申請書。可是明朝當局要求他們離開澎湖列島轉至台灣島。由於雙方的搪塞與誤解，導致了大量的流血和傷亡。1624 年，荷蘭人最終被中國船隊從澎湖列島驅逐。正如之前商定的，他們不得不撤退到幾公里以外的台灣島。荷蘭人不是唯一在台灣建立前哨點的歐洲人。1626 年，西班牙人在台灣島北部的基隆建立了堡

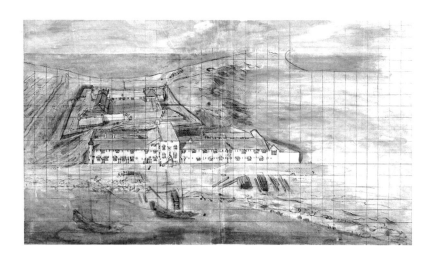

安平古堡被鄭成功收服
前，曾經是荷蘭軍隊的要
塞，畫作約完成於 1635
年。海牙國家檔案局藏。

壘，但隨後被荷蘭人趕走。

　　1627 年，荷蘭人再次對澳門發動攻擊，出乎意料，這次竟被澳門人擊敗。自這場戰役之後，他們放棄了攻佔澳門的念頭，轉而在中國沿海搶掠絲綢，同時加強在台灣的基地建設。1624 年荷蘭人在台員（原住民的叫法，後來通稱台灣）建立了熱蘭遮城（安平古堡），台員是在一個小島上，隸屬於台灣西南部的安平市。荷蘭人不斷派遣特使到廈門尋求貿易許可，一直沒有成功。1632 年，荷蘭人建議應與葡萄牙人享有同等特權的提議，再次遭到明朝拒絕，甚至連荷蘭人送的禮物都被破壞。荷蘭不久就組織了二十一艘船，大肆破壞廈門的城市和航運，這似乎仍無法為他們贏得任何被友好接待的機會，反正他們也不會作出有關嘗試。

　　在台灣，因為明朝禁止日本客商進入沿海港口，

荷蘭東印度公司將數以百計的中國瓷器運到歐洲去，這些青花瓷專門為歐洲市場燒製，可以看到十八世紀的中國工匠嘗試在瓷碟上畫一艘卡瑞克帆船。上海博物館藏。

荷蘭人轉而致力於發展中日之間的轉口貿易。憑藉着中國商人從大陸運來的商品，荷蘭人很快開始盈利；同時他們鼓勵大陸人在這裡定居。荷蘭人最信賴的中國人是鄭芝龍，他在廈門有一個強大海盜組織。1628 年，鄭芝龍同朝廷達成和解，在沿海致力平息猖獗的沿海海盜，這為他贏得了信譽。他的兒子鄭成功被授予「國姓爺」的稱號，西方人按廈門的發音將其拼成 Koxinga。1644 年，明朝覆亡、滿清入關，效忠明朝的鄭成功在廈門率領着上萬名士兵與上千條戰船抗擊清軍。清軍的陸軍非常強大，但海戰卻不敵鄭成功。清軍在廈門進攻鄭成功的船隊失敗，雙方陷入僵持。為了消除來自鄭成功的威脅，清朝決定採取激進

措施，採取海禁政策，下令從長江口到廣東沿海十五公里內的居民全部內遷，沿途只剩下荒蕪的城鎮和村莊。1661-1663 年之間，浙江、福建和廣東沿海村莊被悉數清理。

清廷達到了目標，儘管付出相當大的代價，鄭成功被擊敗退至台灣島；當時，荷蘭人正試圖將台灣島建成殖民地。於是荷蘭殖民者同鄭成功的軍隊僵持了九個月。1662 年 2 月 1 日，龜縮在熱蘭遮城中的荷蘭人發現兩萬五千名中國士兵及數百艘船隻在地平線上集結，無計可施下他們決定投降，不過他們被允許以一個體面的方式投降。根據雙方簽署的協議，批准荷蘭人和平、體面地撤離，並且還可以帶走部分財產和金錢。與此同時，他們也放棄了台灣北部的據點，即位於基隆的聖薩爾瓦多堡，這是荷蘭人 1642 年從西班牙人手裡搶得的，在台灣島上盤踞了三十八年的荷蘭人終於離開了。鄭成功的軍隊 1683 年被清軍擊敗，自此整個台灣島也在清朝控制之下。直到 1689 年，荷蘭最終放棄同中國建立直接貿易關係的打算，轉而將注意力集中在巴達維亞。

CANJAN

Canton

CAS. di
Jesvifi
I. di Metao
Pulo Caocos
C. Comanba
Caima

C.di.Macao
Lantaon
Lantam
C. Santaon
R.di Canton

Longpacao
R.di Lampacao

Os Bazos de.
Piscadores

R.di Buona uentura
Colpa di Buona uentura
R.di Sale
Canton
C.di Choec
B.di Choec
Choec

I. Lamo

Canchin
B.di Canchin
Pulo Canchora
R.Chanchora
Sonontou
R.Comanba

Pulo Choam
R.Choam
C. del Fiume
C.della Baia
I. dos Inhash
Hope les Baiz
C. Omander
C. Tachew

I. Branca
I. dos Viados
Pulo Babij
I. Coina

C. Canchi

I. Choa

Var. Nulla

I. Prata o V.

MARE DELLA
CHINA

Var. 3. Gr.

Cando

1646 年南中國沿岸地圖的部分細節，由羅伯特‧達德利爵士（1532-1588 年）的私生了羅
伯特‧達德利（1574-1649 年）所繪製。

英國人和廣州時代

第一個到達東方的英國人是法蘭西斯・德瑞克爵士（Sir Francis Drake）。在其環球航海旅程中，他於 1580 年到達香料群島。次年，伊利沙伯女王（Queen Elizabeth）的寵臣身兼累斯特伯爵的羅伯特・達德利（Sir Robert Dudley），發起了一次推動英中貿易的探索活動。代表團被告知如果他們能到達中國，可以在那裡留下「合適的人選」和貨物，以便和中國人交易。然而這一次他的部下沒有到達中國，1596 年又進行了第二次遠征。這次他們帶了一封伊利沙伯女王寫給中國皇帝的信件，但是還沒等他們到達目的地，船便沉沒了。

1601 年，伊利沙伯女王向一批倫敦商人頒發許

東印度公司發行的半派士
（Pice, 印度舊輔幣單位）
錢幣，一派士相等現時
一百二十八個盧比。斯賓
克父子公司藏。

可證，批准組建聞名中外的東印度公司（East India Company）。英國人首要目標是建立起同印度的貿易聯繫，作為向更遠的東方開拓的踏腳石。他們最初的動力是為英國商品，主要是粗紡毛織物，尋找海外市場。遙遠的中國地處北溫帶，很顯然那裡涼爽的氣候能夠為英國的呢絨出口提供市場保證，同時英國也能從中國進口絲綢產品。

1637 年，約翰·韋德爾（John Weddell）船長成為第一位正式訪問中國沿海的英國人。他是由英國科騰商團（Courteen Association）派往中國的，這是一家當年剛獲得查理國王（King Charles）皇家特許的新公司，主要從事英國與中國和日本之間的貿易。為避免遭到喜歡猜疑的葡萄牙人的阻撓，韋德爾接獲指示繞開澳門航行。6 月 27 日，他率領四艘很小、但設備齊全的船隻抵達珠江口，等候領取前往廣州的許可。就像一個多世紀前安德雷得（Andrade）的遭遇一樣，他發現自己是在白白等待。中國人仍然用慣常的招數，即推諉搪塞來應對，指望問題能就此消弭，但是次形勢並非如此發展。

韋德爾駕着船隊中最小的航船「安妮號」（Ann）一路航行至虎門時，被一小隊帆船攔住去路。中國人告誡韋德爾必須向駐守卡薩布蘭卡（位於澳門旁邊的一道海關）的中國官員提出申請，才能前往廣州。船

長不以為意，認為這只是一種拖延戰術，毅然繼續帶着所有的航船北上。他們在廢棄的威遠炮台拋錨，打算在那裡繼續等待前進許可。這個時候，一位前來會談的中國船長告訴韋德爾，許可證將在六天之內批核。可是預定的時間很快便過去了，英國人卻被告知還要再等待四天。韋德爾覺得再也無法忍受了，並且發現那座廢棄的炮台其實並未廢棄，當他派出「安妮號」北上探尋航道、尋找淡水的時候，炮台向帆船開了火；韋德爾下令反擊，英國人的炮火炮轟了炮台，驅散了那裡的守軍。

由於畏懼而暫且屈服的中方終允韋德爾船隊中的三個人北上廣州，但是要乘坐中國的帆船。韋德爾的手下受到了禮貌的接待，並順利出售了帶來的商品，同時也購買了八十噸食糖。然而，當雙方的生意

（左）這是在前赴廣州途中所見到的其中一座要塞大黃滘，雖然要塞大多裝飾得富麗堂皇，事實證明虛有其表。托馬斯．阿羅姆（Thomas Allom, 1804-1872年）約繪於 1840 年。

（右）一艘靠在淺水的帆船，錢納利以鉛筆、原子筆、墨水混合描畫而成。香港上海滙豐銀行藏。

45

1873 年，珠江河上隨處可見前來進行貿易的帆船，約翰‧湯姆生（John Thomson）攝。場景與200 年前或更早前分別不大。香港大學圖書館藏。

即將結束時，三個人忽然被逮捕且被軟禁於他們的住所內。與此同時，等待他們返航的英國船隊再次遭到襲擊，這次中國人使用了火船。戰鬥中，韋德爾再一次佔了上風，摧毀了所有燃燒中的船隻以及多條中國船隻，且順道打劫岸邊的一兩個村莊。

被囚禁的三個英國人中，有一位被批准給韋德爾寫信，他在信中懇求韋德爾停止破壞行動，這一做法得到了中國的正面回報，負責接待的中國官員重新變得親切、熱情。官員並借口由於葡萄牙人從中攪事，致使韋德爾的船隊在珠江下游受到了無禮對待，為此他深感氣惱。隨後，那三名英國人質給釋放了。

澳門的葡萄牙人對於有國家同中國建立良好關係，感到異常緊張。根據韋德爾的日誌，在船隊離開廣州前，其中一名俘虜曾收到一封信，允許英國人在此定居，並且在珠江口適合的地方構築防禦工程。如

果這一令人意外的慷慨提議被付諸實踐，香港島的選定和發展將會提早二百年。但這提議背後的誠意值得懷疑，加上韋德爾決定立刻返航，並發誓再也不回來，否則歷史將要改寫。

韋德爾這次短暫的出訪在中國留下極壞印象，是他之後的同胞不願聽到的。他讓「中國人一成不變地認為在所有野蠻的入侵者中，英國人是最暴力、最危險的。」這樣一說，荷蘭人的表現，便值得讚譽了。

韋德爾出訪後四十年，鮮有英國人到來中國沿海。那些來過的船長們覺得澳門只是一個貧窮的小地方，而中國則是一個不友善的國家。他們大都很快離開，認為同中國貿易並不值得。荷蘭人從台灣撤出後，英國東印度公司趁機在台灣島建立工廠，後來又在廈門建立另外一座工廠，這兩座工廠一直沒有壯大，在之後的很多年裡業績平平。

1683 年，清朝平定了南方。翌年，清廷取消中國船隻禁止出海的命令，開放了廈門、廣州、寧波等口岸進行對外貿易。儘管政策明顯放寬，直到 1699 年東印度公司才再次來到廣州，「馬克爾斯菲爾德號」（Macclesfield）抵達了距廣州不到二十公里的黃埔島停泊。清廷竟允許船上的貨物管理員在夏天和秋天在廣州租房子，這讓英國人以為這是項十分罕有的特權。後來，他們發現法國印度公司早在一年前就到了

這裡，同樣被允許租住房屋；相信聽了這個消息後，英國人想必有點惱火。雖然如此，中英之間正常貿易自此真正開展。每年，英國東印度公司都派出一艘或幾艘船隻，駛向中國的口岸——廣州、廈門、福州和寧波。

為了盡可能地分隔外國勢力，1719 年清朝皇帝命令廣東總督向澳門參議院提出一項動議：所有中國的對外貿易活動都要經過澳門，令澳門自然而然成為焦點，為了作出回報，部分進口稅將撥給澳門政府，而中國亦將在澳門建設一座海關。這一動議提出時，英國及其他國家的船隻開始繞道澳門直接駛向黃埔，動議本來這是有利澳門的，外國船隻必須再次駛經澳門，可是是項動議卻被目光短淺的參議院否決，原因是他們不能容忍那些來自歐洲的競爭對手比自己富有。同時，他們擔心動議付諸實行後，中國海關監督將會比澳門總督更重要，前者那富麗堂皇的住所就能夠證明這一點懷疑是合理的。幾十年後的 1733 年，清廷又提出了一個讓澳門成為外貿中心的提議，同樣遭拒絕。是次因為虔誠的葡萄牙人擔心，眾多的非天主教徒湧進澳門這個東方的羅馬天主教中心。對此，廣州政府再次自己着手解決這個問題。

廣州隨後成為歐洲人最喜歡停泊的港口。相比其他港口，廣東有許多優勢，比如它幾個世紀以來一

直作為海外貿易轉口港，當地商人和官員都具備談判技能與貿易常識。1757年，英國東印度公司曾試圖在寧波進行貿易，這可能對廣州的主導地位構成威脅。乾隆皇帝聽說之後，立即禁止並要求所有對外貿易都在廣州進行。這樣做只不過對已有的現實提出官方要求。指定廣州而非其他港口為中國對外貿易中心的做法，並沒有令所謂的「廣州模式」的貿易制度提升為永久制度。

皇帝在國際貿易中的代表是海關監督，西方人熟知的名稱是 Hoppo，這名字也許是從「戶部」一詞派生出來的，這是粵海關監督將他在廣州徵收的稅款上繳到北京的稅務部門。他是皇帝的代表，皇帝能夠直

1850年的海關大樓和戶部總部，佚名畫家繪。瓦萊里·加勒特（Valery Garrett）藏。

伍秉鑒（1769-1843年）的畫像。

49

（上）繪畫於米紙上的畫冊，為尤夸（Youqua）畫室 1850 年的作品，可見伍秉鑒的庭園設備齊全，建有避暑的房屋、亭台及之字形橋樑。瓦萊里・加勒特藏。

（右）阿羅姆向他的讀者保證，他所雕繪的廣東商人的宏大宅邸，並「不僅是捏造的…… 而是真實的。」

接得到海關監督所有的收入。在 1720 年，海關監督組建了一個由中國商人組成的公行，每天負責對中外貿易收取稅款。為此，在中國的公行便越發開始施行像封閉式工廠那樣的壟斷；公行的成員資格是以招標程序來進行的。因為席位是有限，且職位非常誘人，於是投標金額相當大。

　　許多公行成員透過此聚斂了巨額財富，比如巨商伍秉鑒可能是當時世界上最富有的人，估計 1824 年時，他的財富達到二千六百萬美元，如此驚人的數字

在今天是無法衡量的。如斯富有，公行商人當然是不斷遭海關監督和地方總督苛索，要求他們捐出鉅額財富分擔國防費用和公共項目開支。海關監督還任命他們做「擔保」，負責外國船舶的關稅和管理，遇有外國商人有不恰當行為，自然由公行商人代外商承受海關監督的罰款。

對公行商人的種種刁難，加上規定他們要為茶葉與絲綢等交易提前支付的大額訂金，導致商人們紛紛破產，不得不拖欠外商的債務，但由於利息誘人，外商通常願意成為公行商人的債主。外國商人經常抱怨的是中國商人的營運資本過少，甚至沒有。廣州公行中的商人數量，相比持續增長的外商人數要少很多，一旦其中有公行商人經營失敗，很多外商會受牽連。事實上，在十八世紀六十年代，確有許多公行商人宣告破產。1771 年，拖欠外商的款項已達到一個相當龐大的數字，迨至 1779 年欠款總額更數以百萬計。在十八世紀七十年代，一些中國商人開始違約，招來外國債權人向英國政府上訴，一艘英國軍艦從印度駛來廣州向中國政府提出嚴正抗議，即使這樣也只收回欠款的四分之一。

任何貿易要獲得成功都需要平衡貿易雙方的需求，儘管距離完美還差很遠，現有的貿易體系的而且確試圖達到這樣的平衡。為了使這誘人的收入來源不

斷增長下去及無間斷，開列給外國人的條件，必須保證能吸引他們回來，可是這往往並不容易。總體來說，十八世紀三十年代中期，對外貿易和關稅對於各方來講都相當合理，無論官方、中國商人還是外國商人，均期望日常的業務與辦事程序能按部就班。進入珠江後，外國船隻在持牌中國領航員引導下駛往黃埔港，同樣船隻與工廠由持牌買辦供應物資，持牌翻譯員則擔任外商與中國當局之間的聯絡人。輔以相關規例，管轄船隻的檢查和量度（以便評稅）、應繳納的費用、卸貨與裝貨等事宜，還有規限涉及中國商人對其所負責的外國船隻的商業交易和恰當行為的事項。

當然，無可避免地存在着一些違規現象，最常見是貪污行為，船舶的貨物管理員同中國商行故意提高價格，然後私下瓜分其間差價。儘管外商對這些限制，比如亂收費和種種壓榨，表示忿忿不平，現實裡這個制度對中國人還是外國人來說尚算運作良好。最好的證明莫過於抵達廣州的船舶和外國商人越見增多。1700 年，廣州的歐洲人只有上文提到的法國印度公司人員；到了 1800 年旺季，已達到八千四百人。

外商的抱怨是一旦交易結束，就得盡快離開廣州。這對於葡萄牙人來講沒有什麼困難，他們只要順珠江而下，便能回到在澳門的家園。其他歐洲人可就沒有這個便利了，他們需向澳葡當局申請，才能在這

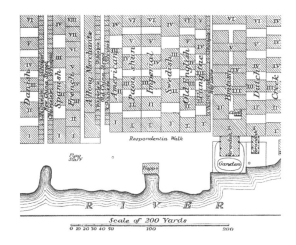

1840 年廣州十三行的規劃圖，這是布士頓（W. Bramston）的研究成果。十三座建築擁擠在一起，僅由西邊的同文街及靖遠街，和東邊臭名遠播的新豆欄街所分隔。

空檔時間在此停留。與此同時，還要視乎在望廈衙門的滿清官吏是否批准，這就是澳門在葡萄牙人佔領下的特質。

　　隨着技術的進步，外商對停留問題有了更高要求。雖然仍需要依賴風力，但是船隻已經變得更大、更快、更安全了，不單可以提早到達、延期返航，在廣州停留的時間可以越來越長。為了在貿易旺季安置

（左）靖遠街入口，約翰·克拉克（John Clark）製作的彩色凹版畫，取材自 1811 年詹姆士·華頓（James Wathan）的繪畫。瓦萊里·加勒藏。

（右）同文街鬧哄哄的漫畫。

53

外國人，一處名為十三行的洋商館區，在城牆和珠江河岸旁選址設立。英國、荷蘭和法國的商人在那裡租賃土地，翻修現有房產，或按自己的喜好建立新的建築。停留的需求變得異常迫切，因為即使在淡季，商人也總是有事要做，來來回回的收拾行李越發顯得讓人受不了。

無可避免的事情終於發生了，1729年法國人開始挑戰底線，貿易季節結束後，刻意在廣州的工廠裡留下一個人。這公然違反規則理應受到懲罰，然而受懲罰的不是法國人而是中國公行。法國人及時地道歉及支付罰金，幾經輾轉，事情居然不了了之。看到同行法國東印度公司的榜樣，1731年荷蘭人依葫蘆畫瓢，

繪上洋行和飄揚旗幟的象牙紙扇，這類紀念品在1815-1821年間甚受歐洲商人歡迎。香港海事博物館藏。

可是卻遭到譴責。不過，來自中方的批評遠不如他們遠在倫敦上司的指責，他們給警告要按照公司的規章辦事，同時也要遵守所在國的法律。

1776年出現了另一個令中國人惶惑的事情，各國領事館陸續在廣州的商館區建立起來。第一個升起國旗的是法國，領事沒有意識到中國人難以容忍蠻夷居然在自己的領土上如此膽大妄為，試圖建立平等關係。不過法國人確確實實這樣做了，還將領事館作為逃避移民法規的場所。接下來發生的事情，不僅出乎中國人的意料。1779年，前僱員蘇格蘭人約翰·里德（John Reid）出示文書證明他已被任命為奧地利領事，隨後升起國旗。1787年，來自倫敦的丹尼·比爾（Daniel Beale）宣稱他是普魯士領事，於是另一面國旗也升了起來。不久，手裡拿着偽造任命書的領事，比如丹麥、熱那亞以及瑞典等，相繼升起旗幟。幸好，中國人都聽說過它們的名字。但當1786年一個真正的美國領事來到中國時，他發現中國人根本沒有聽說過美利堅合眾國，也不明白這個說英文的人竟然不是英國人，而是來自另一個國家。

中國當局管理外國人的行為準則，即後世所說的「八項條例」，直到1841年一直沒有本質上的改動，當中包括禁止外國婦女到工廠，外商的活動僅限於工廠區域，且只能在指定時間、地點走動。儘管大家知

畫作充分表現了早年維多利亞時期的英國狹隘愛國主義。新卡韋迪出版社（New Cavendish Books）出版。

道，這些規定可以用金錢擺平。1761年貿易季節結束時，為保險起見，法國人與荷蘭人在澳門租了房子安定下來。之後，瑞典人和丹麥人紛紛仿效。由於一開始便將大部分精力投放在印度，英國東印度公司的行動顯得較諸國滯後。1773年，他們終於進駐澳門，搬進那棟後來成為南灣港首家四大豪宅之一的大宅，而為了顯示其重要性，他們將自己的公司建在澳門總督的官邸旁。

英國人的信心源自他們是中國最重要的貿易國。1756至1763年，第一次全球戰爭「七年戰爭」爆發，所有渴望在世界舞台上佔據領導地位的歐洲國家都參與了。戰爭各方在歐洲、北美、非洲沿岸、加勒比地區和印度奮力拼殺。英、法兩國的爭端甚至波及到中國。1762年西班牙成為法國盟軍，英國即出兵佔領菲律賓（西班牙殖民地）作為回應，這場戰爭讓英國成為世界上最大的宗主國。

英國及其盟國在「七年戰爭」中的勝利也體現在同中國貿易的優越地位上。當時，每年仍有三、四艘法國與荷蘭的商船來到中國，從西班牙、丹麥和瑞典來的船隻數量則較少。1763年戰爭結束後不久，英國到來的船隻是其他國家船隻總數的兩倍。此外，由於英商對遠東貿易持續增長的興趣和對皇家海軍的信心，大部分英國船隻屬於私人，所謂「民間商人」，

在印度之外營運着自己的船隻。

　　1742 年只有四艘船停靠在黃埔港，而且都是東印度公司的；1780 年，分別有十二艘東印度公司的船隻和「民間商人」的船隻停靠在此。僅僅八年，東印度公司的船隻數量增加到二十九艘，這些船被稱為「東印度人號」（East Indiamen）船隊，堪稱當時海上規模最大的船隊；不過當時也至少有三十三艘「民間商人」的船隻。然而到十八世紀結束時，已有二十多個來自民間的私人洋行在廣州做生意，均來自多個不同國家。

　　民間貿易令中國官吏感到費解。過去，其他國家都只有一個全權負責機構，滿清官員只要同該機構的首腦溝通，遇有不妥善處向對方表達即可。但現在，

展現黃埔港船舶繁忙活動的凹版版畫，是德勤（E. Duncan）依據哈金斯風格而製作的。香港上海滙豐銀行藏。

對蠻夷（指的是英國人）最有威脅的東印度公司的威信正逐漸減退。儘管中國與東印度公司分歧巨大，雙方至少有這樣一個共同點：他們都具壟斷地位，十七世紀後期到十八世紀後期的一個世紀裡，貿易利潤是雙方共同追求的目標，故此沒有發生嚴重衝突。時至如今，中國人必須自行應對那些無視中國規章制度的新貿易夥伴——民間商人以及個體商人。換言之，英國那邊已經發生了變化，中國這邊卻沒有，這樣一來，兩國之間的分歧逐漸擴大。

為了和中國官方保持良好關係，並且實現其自身的商業目標，東印度公司打算收回對所有英國貿易的管控權力。1773 年，東印度公司在加爾各答發表聲明，推出執照制度，通過在廣州設立的專責委員會，賦予自己一項權力：向民間商人發佈命令。此舉自然引起不滿，但是他們也別無他法。

廣州工廠裡的茶葉貿易，佚名中國畫家繪。

其實，不僅商人組成發生了變化，貨物種類也跟以往不同。1700 年，當「麥克爾斯菲爾德號」離開中國駛向英國時，裝載的貨物大都是絲綢，船艙中的剩餘位置則填滿了瓷器和茶葉。然而隨着十八世紀的發展，茗茶在歐洲和美國越發流行，茶葉取代絲綢成為貿易中的主要貨物；有些船隻甚至只靠運輸茶葉便能獲得豐厚利潤。時屆 1783 年，每年運往英國的茶葉超過二百五十萬公斤。茶葉變成英國人生活中重要的組成部分，法律規定東印度公司必須任何時候都保存一年的庫存。英國政府總收入的十分之一來自於茶葉稅。因此，小小的茶葉在很大程度上幫助英國實現了在全球的擴張。

儘管大量茶葉正從中國運往西方，但這裡有一個問題，並不符合「貿易」的真正含義。中國人堅定地認為，自己既不希望、也不需要任何西方生產的東西，唯一接受的商品是白銀，大量的白銀。在中國，有三種商品一直是法律禁止出口的，那就是大米、勞工和白銀，這些被認為是朝廷的經濟支柱。英國商品無法引起中國人的興趣，並且茶葉貿易被東印度公司壟斷了，幸而民間商人發現印度出產的一些商品比如棉花和鴉片在中國有市場，這兩樣商品正好是公司不感興趣的。然而他們的興奮是短暫的，因為通過貿易從廣東獲得的白銀，沒辦法帶出中國。

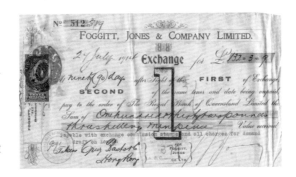

1914 年的一張滙票，收票後九十天始獲支付。

為處理這個困境，英國人想出了一個看似簡單的機制，但是它注定成為一個更大麻煩的根源。東印度公司將從倫敦取出的滙票為民間商人們兌換白銀，但滙票必須按照嚴格的規定寫成，註明收款人或持票人的地址和金額數量。支票是滙票的現代形式，持票人必須在另外一家銀行進行支付，用滙票則可以是任何人或任何公司。不同於支票的是滙票可以按需求支付，它被稱為即期滙票或在以後約定時間支付的期票。交易各方皆大歡喜，一致認為這是一個非常巧妙的辦法，直到鴉片數量增加成為中國最主要的進口商品為止。當英國人得知他們的收入竟然靠中國持續增長的、令人噁心的鴉片消費來支撐，他們茗茶的時候感到了不安。茶葉換滙票、滙票換鴉片的交易模式，已經形成了一個互相緊扣的鏈鎖，東印度公司和民間商人開始相互依存。從 1775 年至 1795 年的二十年間，東印度公司在廣州購物所動用的三分一資金正好

來自民間商人的貿易。

雍正皇帝於 1729 年頒佈了一項法令禁止銷售鴉片，但願望落了空。從這一年到 1839 年間，朝廷頒佈了不少於四十六項的禁煙令。這一切源於有些中國人偶然享受到的一種產自爪哇的煙（當地人模仿荷蘭人將鴉片混入煙絲吸食，之後將這種方法介紹給台灣人和大陸人），最終演變成全國需求。十九世紀末，外國船隊運來的鴉片居然供不應求。雖然表面繁榮，但對於民間商人來說卻出現了一個經濟問題。昔日貿易與財政循環模式所形成的平衡已不復存在，民間商人賣鴉片所得的白銀遠遠超過了公司購買茶葉的支出。這樣一來，通過東印度公司將白銀滙兌，顯然比駕着木帆船跨越半個地球走私回英國要誘人。但是，現在都是公司把持着市場，商人們有時只能得到成交價 40% 的白銀，而滙票兌換則要等候兩年時間之久。這無疑令民間商人對處於談判不利地位感到十分不滿，這形成了他們反東印度公司的情緒。

就其本身而言，東印度公司發現要有效控制那些不守規矩的民間商人並不容易。雖然兩者之間的利益密不可分，在十八世紀八十年代，東印度公司兩次設法減少在廣州工廠中的貿易商人，但道高一尺，魔高一丈，後者卻設法以其他「外國人」的身份重新出現了，比如化身為普魯士領事的丹尼爾·比爾。公司

1793 年馬戛爾尼勳爵統領的使團浩浩蕩蕩駛入長江的水彩畫，由隨團畫師威廉‧亞歷山大（William Alexander）繪畫。艦隊正駛經大運河進入鎮江的主要河道。

的商人可能會不停地抱怨他們必須屈服於中國人的處事方式，但他們要求的只是希望廣州有穩定的商貿系統，而不是改變現狀。因此，他們對於改革廣州貿易系統的熱情，並不像 1792 年到 1794 年的喬治‧馬戛爾尼勳爵（Lord George Macartney）那樣高昂。英國商人亨利‧鄧達斯（Henny Dundus）是英國首相威廉‧皮特（William Pitt）的摯友，和其他商人不同，他不願意無限期地接受廣州對外貿的限制。迫於來自民間商人的壓力，他派了馬戛爾尼勳爵到北京，看看雙方是否能重新簽約，建立一個新的體系。民間商人的一個重要目標是在中國土地上撥出一塊領地，確保他們與中國進行貿易時，能同東印度公司平起平坐。

當然他們渴望在其領地內，最好是毗鄰茶葉和絲

綢生產基地，以及毛織品消費地區，英國人依照英國而非中國的法律進行交易。於是 1784 年，「赫符斯號事件」的發生衍生了「治外法權」的構思。當「赫符斯號」（Lady Hughes）到達黃埔港時，船隻按照慣例鳴炮通知它的到來，是次卻使用了實彈，兩名中國圍觀者不幸中彈致死。中方要求炮手投案自首，但均遭到回絕。一聲令下，所有的外國工廠都被中方重重包圍，供給也給切斷。無計可施下，東印度公司的專責委員會主席下令交出一名水手，該水手隨即給中方處死。結果引起了倫敦的強烈抗議，幾個月後鄧達斯決定採取行動。

鄧達斯認為對清廷繼續保持謙恭、等待清廷的信是件浪費時間和有損國家尊嚴的事，最好還是能夠直接面見皇帝。儘管富有外交經驗，馬戛爾尼卻對中國一無所知，沒有認識到這是一個問題。時運不濟的使節團，無可避免地得出了一個可笑的結論。雖然，使節團獲得乾隆皇帝非常禮貌的接見，馬戛爾尼還是被客氣地送走了，雙方沒有進行認真討論的機會。大使沒法解決廣州英國商人遇到的難題，因此 1816 年初，當另一個大使獲委任並正朝向中國進發時，清廷感到十分意外。戰勝拿破崙後，英國政府信心滿滿，認為這是再次彈壓中國的好時機。英國人相信如果他們派一個水平更佳的大使前去中國，清朝皇帝一定會很高

興與他談判。於是 1816 年 7 月，阿默斯特勳爵（Lord Amherst）抵達澳門。

阿默斯特注定較其前任更失敗，馬戛爾尼至少能夠同皇帝見面。由於情報錯誤和身邊大臣的漠視，皇帝沒有給阿默斯特拜見的機會，就讓他打道回府。這顯然表明即使再次嘗試也將同樣毫無意義。儘管怨聲載道，但雙方的貿易仍在繼續、利潤依然巨大；當時的形勢正如逆水行舟，不進則退。

現在，歐洲對於中國人和中國文明的態度有了明顯的轉變。1637 年，彼得‧文地（Peter Mundy）陪同船長韋德爾來到澳門，他的印象或多或少代表了當時歐洲人普遍的觀點：「這個國家在以下幾方面可以說是無與倫比：歷史悠久、寬廣富裕、健康富饒。」這些觀點在一百年後仍然有可能是成立的，不過他隨後的判斷卻隨着時間發展不再成立。「我想，世界上沒有一

1810-1820 年間，仿中國出口陶瓷風格而製的英國斯旺西（Swansea）陶瓷早年作品。

這座中式塔 1762 年落成於倫敦皇室庭園裘園，充分反映英國對中國或中式風格的着迷。

個帝國可以和這個政府相提並論。」文地的話顯然是正面的；但時屆一個世紀後，歐洲人卻認為中國政府是落後和專制的。

十八世紀初，進口到歐洲的中國商品數量不斷增加，包括「專供出口」的商品：瓷器、繪畫、家具、扇子、絲織品、牆紙和裝飾物，這些商品在廣州生產，專門為西方市場定制。被界定為中國特色的圖案，在家具、室內設計及花園中大量應用，創製出所謂的「中國風格」。但到了十八世紀晚期，歐洲人對中國商品的興趣驟降，認為中國不夠文明。雖然尋求商業合作和外交努力失敗了，馬戛爾尼代表團卻帶走了大量的文獻和情報，這在某種程度上令歐洲人對中國的態度由讚賞轉為蔑視。

65

雖然部分通往中國內地的通道沒有被標示，但當佩爾特斯（Justus Perthes）於 1834 年繪
製地圖時，已經清楚地知悉香港是一個島嶼。

戰爭與《南京條約》

　　中國皇帝下達的鴉片禁令沒有收到任何實效。
如前所述，鴉片戰爭爆發之初，朝廷頒佈的詔令多達
四十六項，數量本身已表明了它們並沒有奏效。鴉片
是違禁品，但鴉片貿易卻蓬勃發展，外國進口商以及
其中國夥伴都從中獲得了巨大利益，足以讓他們鋌而
走險，更遑論道德約束。

　　1813 年，清朝命令全面禁止吸食鴉片，廣東總
督下令搜查所有進港船隻，並要求每艘船的船長簽署
保證書，保證沒有運載鴉片。但英國人對此命令根本
不加理會。另一邊，東印度公司的專責委員會仍然對
阿默斯特使團受到的冷遇耿耿於懷，不惜派出一艘軍
艦駛向虎門威嚇中國人，果然廣州的官員隨之放棄了

在中國水域見到的快速帆船「西派號」（Sylph）及「紅羅弗號（Red Rover）」，恐怕是鴉片戰爭中唯一美麗的一幕，出自佚名畫家。英國國家博物館藏。

簽署保證書的要求。很快，鴉片貿易恢復如初。1821年，總督阮元暗示他要到澳門逮捕十六個鴉片商，可是行動出師未捷，一個意想不到的消息透露官員們根本無意停止這種盈利頗豐的非法貿易。就在這個時候，一位年輕氣盛的小官因為襲擊上司而在廣州受審。他決心為自己辯護，想讓他的原告也陷入盡可能不利的境地。這個勇敢的男子透露，他是當地官吏從外國人鴉片貿易中榨取利益的中間人。這麼一說，地方當局惡行畢露，被迫採取相應行動補救，立時扣押所有運輸鴉片的船隻。

然而，除了三艘英國船和一艘美國船，所有運輸鴉片的船隻都事先適切地得到了線人提供的情報而安全脫險。這四艘船被強令離開，既沒有帶走貨物也沒有收到貨款。儘管運輸鴉片的船隻都必須離開內河，一些膽大的中國人還是和外商在沿岸各個船隻泊位公然進行交易，遺世獨立位於珠江口外的伶仃島是最受

歡迎的避風港和鴉片分發地。由於突然間很多船隻被驅趕，伶仃島未能完全容納，迫使商人尋找新的交易場所，比如澳門北部金星門以及香港。論地利，香港自然成為首選，因為颱風來襲時，船隻可以在此避過風浪。當清政府要求所有船長簽署未攜帶違禁品的保證書時，船長們拒絕了，認為這是另一種壓榨手段。雖則形勢時有動盪，但依然穩定了好一段時間。

僅僅在 1831 年，清朝頒佈了不少於六項法令。對於「房東」（中國）的舉動一貫敏感的澳門參議院立即下令禁止任何外國人停留和入住。但由詹姆士・馬地臣（James Matheson）創辦的《廣州紀錄報》（ *Canton Register* ）率先撰文反擊指：「英國是（葡萄牙）最早的盟友」，要求澳門盡「基督教的基本待客之道」，收回禁制。最終澳門參議院讓步了。

該報紙自封為「在中國的自由商人的機關報」，主張對中國人採取態度強硬的「進取政策」，並認為東印度公司的做法過於溫和。《廣州紀錄報》主張英國在中國擁有基地，認為澳門「就是對於中國人的稅務政策過於服從，才使得曾經繁榮的殖民地落得如斯堪憂」。

馬地臣是鼓吹「進取政策」的急先鋒，也是上文提到遭驅逐的其中兩條船的代理人。馬地臣是蘇格蘭男爵之子，1819 年從加爾各答來到廣州，並在這裡

詹姆士・馬地臣（1796-1878 年）雖較其夥伴更為反覆無常，但他卻是一名優秀讀者，創辦了首份在中國出版的英文報章《廣東紀錄報》。怡和洋行藏。

威廉・渣甸（1784-1843
年）坐在其辦公室內唯一
的座椅上，訪客只得站
立，這樣他們便可盡量及
早完成任務。怡和洋行
藏。

1828年，東印度公司在倫
敦利德賀街（Leadenhall
Street）的總部。由托
馬斯・謝潑德（Thomas
Shepherd）雕製。

創辦公司。1821 年，年僅二十歲已成為西班牙公司伊
利薩里洋行（Yrissari & Co.）的合夥人，於是順理成章
地出任丹麥領事。作為一個非常有天賦、精力充沛的
年輕人，馬地臣注定不是名揚千古就是遺臭萬年；然
而，是與非往往見仁見智。

麥尼克行（Magniac & Co.）是當時眾多英國民
間洋行中最主要的一家，老闆威廉・渣甸（William
Jardine）精通鴉片貿易。有一件事逃不過渣甸的眼
睛，就是馬地臣剛打破了單次航行所獲取的收益紀
錄：他駕着船隻沿海北上進行鴉片交易，成功擺脫廣
州官吏的監視。識英雄重英雄，渣甸於 1827 年邀請馬
地臣加入自家洋行，成為合夥人。自此，他們成為中
國口岸歷史上最強大、最成功和最有力的合作夥伴。
1832 年 7 月，為了鞏固兩人的關係，公司名稱改為渣
甸馬地臣洋行，即怡和洋行，業績立即更上一層樓。

與此同時，進行海上貿易的船隻變得更小，但
速度更快。美國人的揚基飛剪船（Yankee clippers）證
明比東印度公司雄偉、笨重的「東印度人」型號的貨
船更時髦。怡和洋行訂購了一批按揚基飛剪船樣式設
計的船隻，但性能卻較之前的為高。這些新船是當時
海上外形最漂亮、速度最快的船，能抵擋海上強勁季
候風；一個貿易季節中，能在印度和中國之間往返三
次之多。渣甸估計中國巨大的鴉片消費市場，一年消

耗三萬多箱，完全拜靈活、直接派送至市場的運輸方式所賜，為過往所不可比擬。鴉片已經超越了棉花成為最賺錢的進口商品，雖然運輸和分銷要投入大量資本，也是值得的。快船運輸能夠保證鴉片輸送到任何沿海市場甚至北至東北，這消息引起了北京方面的關注。

朝廷開始對白銀外流、銀價上漲提出質疑。與此同時，東印度公司對華貿易的壟斷權於1834年屆滿，這可是不祥之兆。隨着東印度公司衰落，英國商人要求改善待遇和規規化貿易活動的要求卻與日俱增。由於他們具有果斷和堅定的性格，以及在商業上的成功，渣甸和馬地臣很快成為鼓吹自由貿易陣營的代言人，他們要求中國人提供更好的待遇。究竟在沒有東印度公司主導下，形勢能否好轉尚且是個未知數。

兩項各走極端的政策：沿街販賣違禁藥和爭取進入公平、公開市場，並沒有令渣甸和馬地臣被攻擊為不合邏輯和偽善，因為中國人顯得更為偽善，這正是英國人問心無愧的信心來源。畢竟，一邊制定規則，另一邊又親手打破規則的正是中國人。甚至可以這樣說中國人坦率地承認了他們的不真誠：微笑着接受外國人的賄賂，假裝什麼都沒有發生過。英國人恰恰相反，當出現原則性問題時，很容易被傷及自尊。應當指出的是儘管中國官吏在應對自己上級時兩面三

刀，中國行商在談生意時還是非常具有商業道德的。

談到這個話題，曾在廣州經商的約翰‧赫德（John Heard）指：「雖然與行商的所有交易都是口頭約定，但從來沒有聽過因此產生過任何爭執，中國人的誠實令人讚賞。」

《廣州紀錄報》1827年創刊，登載了很多有用的評論和資料，比如三種鴉片：巴特納（Patna）、比納勒斯（Benares）、麻窪（Malwa）的市場價格，這對於讀者非常重要。五年後，另外一份出版物《中國叢報》（Chinese Repository）加入進來，這是一份專門介紹中國歷史和風俗知識的刊物，當然也包含政治評論。但是對於渣甸、馬地臣等來說，更感興趣的是英國的政治評論。他們知道「中國問題」對於萬里之外的倫敦來說，只有少數極具冒險精神的富豪有興趣，根本沒被提上政府的議事日程。隨着自由貿易理念在英國獲得支持，為在中國的英國商人打開了一道機遇之窗。

在新近冒起快速增長的製造業中心伯明翰、布里斯托、格拉斯哥、利茲、利物浦以及曼徹斯特的帶領下，自由貿易運動興起，商人們呼籲廢除限制自由做買賣的法律，對受到不公平待遇的商人寄以同情，比如過了氣的束印度公司。1827年和1829年，他們在曼徹斯特舉行公開會議，決定向國會遞交請願信。

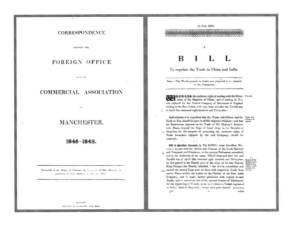

（左）英國外交部和曼徹斯特的商業聯會 1846-1848 年間書信往來的合訂本。

（右）1883 年通過的法案終止東印度公司在中國的壟斷，並成立商務總監督。

因此，當 1830 年廣州的英商團體向西敏寺請願時，已經具備了對他們相當有利的輿論基礎。他們強調中國政府的不公平，稅率被任意操控，且同時受到中國各級官吏的層層壓榨，建議英國政府應考慮派遣永久性的特使前往北京，要求專門闢出一個島嶼作為英商的基地，比如伶仃島或台灣島。英國政府立即作出回應，1830 年，西敏寺宣佈成立專責委員會，負責對東方貿易進行全面調查。這次審議是漫長而徹底的，很多在廣州有地位的商人趕回倫敦作證。最終結果是國會終止東印度公司的壟斷，自由貿易取得了勝利。

1834 年初，消息傳到了澳門和廣州，新問題立即浮現：下一步該怎麼辦？雖然為人詬病，雖然不能完全代表所有商人但東印度公司此前曾擔任過一個可信的中央代理，處理英國同中國公行之間的貿易，現在

又由誰來負責呢？認識到這一問題後，倫敦設立了一個新職位，由英王特別任命的英國商務總監。這樣重要的職位自然需要一個合適人選，那就是律勞卑勳爵（Lord Napier），他是皇家海軍退役軍官，曾在特拉法加為海軍上將尼爾森（Admiral Nelson）服役。特使的身份一公佈，迅即受到遠在廣州的英商的熱烈歡迎。

可惜的是，這位商務總監所發出的詳細指令再次暴露他對中國局勢缺乏瞭解，他草率地改變與中國政府交流的方式，不再謙卑地向有關部門提交信件，並且私底下延長英國人在廣州的逗留期限。顯而易見，律勞卑注定不能成功完成這項使命。在徹底失望之前，英國又一次提出派遣一個好人選，可是卻沒有作認真預備。要知道英國當時在世界舞台上享有絕對主導地位；但是，這裡面律勞卑勳爵卻沒有任何功勞。

1834 年 7 月，律勞卑勳爵抵達澳門，並在怡和

怡和向勞律卑提供的澳門宅弟，由錢納利運用鉛筆及水彩畫描繪。香港上海滙豐銀行藏。

洋行為他提供的房子裡居住。他任命約翰·戴維斯（John Davis）為第二任總監，這是一位有着在中國居住了近二十年經驗的人，後來成為香港總督。第三任總監羅便臣爵士（Sir George Robinson）同樣來自東印度公司。而當皇家海軍上尉查理·義律（Charles Elliot）被任命為新一任即第四任商務監督時，他把中英兩國間的關係帶到了一個新的基礎上：英國王室已取代東印度公司轄下專責委員會，成為與中國打交道的主體。這是一個令中國政府感到不悅的新局面，急忙間將律勞卑當作委員會主席來看待。

渣甸和馬地臣力圖將律勞卑一行置於股掌之間。畢竟，他們是推動律勞卑存在的政策的幕後主要搞手。他們試圖說服律勞卑，讓北京服從的唯一真正有效的方法，就是獲取中國主權領土的一部分；這並不是沒有遇到反對的。顛地洋行（Dent & Co.）在廣州的地位僅次於怡和洋行，每年有多達七十五條船航行其間，掌握着廣州貿易的三分之一。由於這兩家企業之間的激烈競爭，可以肯定地，顛地洋行會反對所有怡和洋行支持的事情，對待律勞卑提出的是項計劃也是如此。

1834 年 7 月，律勞卑一行未經批准已沿珠江北上，着手進行由澳門商界人士極力支持的談判，果然不出意料的是，律勞卑勳爵一開始就碰壁了。他給廣

軍艦「伊莫金號」（Imogene）及「安德勞瑪琪號」（Andromache）在虎門炮台一役中作戰，由皇家海軍的施堅雅（William Skinner）繪製的彩色網線銅版畫。

東總督的信儘管寫得非常漂亮動人，但是卻沒有恭敬地通過行商提交，於是總督連讀也沒讀便拒絕了他。

這麼快就遭到失敗，律勞卑作出了反擊，下令在城中張貼告示，表示問題是他和總督之間，而非和廣州人之間的。他宣佈雖然英國不希望挑起戰爭，但「英國做好了準備」。可是他的如意算盤打不響，總督索性下令暫停貿易，並以眼還眼地貼出告示指勞律卑為「費力的小人」（即「勞婢」，對律勞卑的蔑稱），是奴隸和走狗。

鬱悶的律勞卑惱羞成怒，很快就病倒了。雖然如此，他所做的種種，無意間成為眾人的期望，令事情變得熱熾和煩擾。飽受挫折的律勞卑決定增加賭注，訴諸武力。9月5日，下令兩艘護衛艦駛向黃埔港。中國人很容易便封鎖了河道，令英國人進退兩難，於是威脅變成了慘敗。總督抓住這次機會，畢竟這是中

國人首次真正成功地運用智慧與軍事力量將夷人趕跑，總督向北京上報，且決意充分利用這次機會令律勞卑知難而退。律勞卑不得不下令將船隻撤回，可又不能簡單地離開，他必須謙卑地向中方討一個離開的批准，然後才能在中國武裝護衛下沿着小運河前赴澳門。而且他需要在各個關口停泊下來等待通行印章。在這樣難堪的形勢之下，律勞卑的健康情況進一步惡化，到達澳門不久，便與世長辭了。正如作家奧斯汀·科茨（Austin Coates）如此寫道：「沒有哪種挫折能夠比律勞卑勳爵受過的更加徹徹底底了。」

早年阿默斯特遭遇的失敗，遠遠不及他的繼任人律勞卑所承受的，這一切都是拜外交大臣巴麥尊勳爵（Lord Palmerston）的過分自信所賜，事前完全沒有尋求恰當建議，雖然可供選擇的建議多的是。此時，如果英國人由於自尊心受到傷害而挑起戰爭，這點在一定程度上很有可能，是否還會被冠上令後人厭惡的「鴉片戰爭」一名，倒是值得商榷。然而，戰爭還必須等待一段時間始爆發。

律勞卑去世了，他的下屬們有機會提升一級，戴維斯晉升成為主管。作為一位受人尊重的中國通，他卻缺乏對英國人社團的領導能力。律勞卑的徹底失敗振奮了中方的信心和士氣。戴維斯寫信給倫敦請求指示，此時鴉片貿易已經發展到了新高。1833 年與

1834 年貿易季節，清朝共買入了兩萬箱鴉片，兩年後這一數字上升到三萬箱。在 1838 年有超過四萬箱鴉片抵達中國，在伶仃港更有二十五座浮動倉庫。鴉片數量足以滿足一千二百五十萬名鴉片吸食者的需求。從 1833 年至 1837 年間，在廣州的英國民間商人人數從六十六人上升到一百五十六人。對於那些希望探索世界的年輕人來說，這真是一個充滿了機遇的時代。對英國人來講，他們在非洲、澳洲、加拿大和新西蘭的新殖民地，為農民和礦工提供了廣闊的前景。然而對於那些滿懷商業野心的人來說，中國才是指引他們前進的燈塔。野心家不僅僅包括英國人，也有巴斯人和美國人，後者同時在印度和土耳其進行鴉片貿易。

當戴維斯在等待指示期間，他一定對於所做的事情感到疑惑，尤其是當看到律勞卑什麼也沒有實現，且落得一個不光彩下場，儘管貿易仍然在繼續大幅增長。現在看來應該是由他來掌管這一切了；可是，他現正懷疑這些貪婪成性的英國商人是否還需要他的幫助，在堅持了三個月後他決定放棄，然後打道回英國老家。於是乎，其他人再次得到提升機會，羅便臣爵士成為首席商務總監，就像前任戴維斯一樣，痛惡貪婪，於是不時有不滿意他的英國商人，從廣州返回倫敦時抱怨他們在中國獲得的待遇。隨後在 1836 年 6 月，巴麥尊取消了首席商務總監一職，命令羅便臣將

職務交給排在第四位的查理·義律（Charles Elliot），由後者代表國王和英國政府出任駐華商務監督。

　　義律發現雖然有幾次有力還擊，但卻無從改變中國口岸。然而在英國不是這樣的，馬地臣還在施壓要求派遣一位合適的大使，以打開中國更多的貿易口岸和取消公行。他還要求派一隊軍艦來保護使館，而不是送來一些禮品箱或者一些機械小玩意。他越過外交大臣巴麥尊，直接向首相、滑鐵盧戰役的勝利者威靈頓公爵（Duke of Wellington）提出建議。1836 年初，馬地臣出版了一本小冊子《中國貿易的現狀與展望》（The Present Position and Future Prospects of Trade in China），在支持自由貿易的團體中散發。這冒了很大的風險，而且他也給倫敦貿易局委員回了信。與此同時，中國的形勢正在朝着相反方向轉變。道光皇帝的臣子分裂成兩派，一派建議將鴉片貿易合法化以杜

絕走私，另一派則希望能徹底鎮壓鴉片貿易（並要求將渣甸、顛地以及其他七人逮捕）。道光皇帝饒有興趣地閱讀了奏章，卻沒有作出任何定奪。

在世界的另一邊，巴麥尊也一籌莫展。目前，形勢的發展取決於義律的判斷，他非常有能力，但卻經常不被認同。在適當時候，義律的做法會得到那些他試圖服務的人的尊重，但是現在，只能通過自己的方式去實施他的策略。他接到的指示是直接、平等地同廣州當局進行溝通，在與總督打交道時，不使用「稟」字。不過，根據義律同中國人打交道的經驗，他選擇按照中國人的遊戲規則來行動。他一次只採取一個步驟，謙恭地申請去廣州。這樣，他建立了同總督的工作關係。即便如此，這也不是一個容易的過程。義律是一個誠實而聰明的人，處處為英國利益着想；他按照自己的節奏，將事情逐一拿捏。但義律的誠實差不多毀滅了他的前途，尤其是當巴麥尊勳爵收到義律以駐華商務監督身份呈交的第一份報告時，他發現同中國間的交流又要通過公行商人遞交各種貿易申請時。1837 年 11 月，巴麥尊命令義律立即停止這種做法，認為這有損他作為女王陛下的代表形象。

呼籲鴉片貿易合法化的奏章在外國商人中廣為流傳。事實上，《廣州紀錄報》刊登過一份完整的英文翻譯。渣甸私下對此表示強烈不滿，無疑是因為其

約 1810 年，航行於黃埔港的船隻，佚名畫家繪。馬丁‧格里高里畫廊（Martyn Gregory Gallery）藏。

他鴉片商販都沒有像怡和洋行那樣涉及規模如此龐大的海岸走私活動。預見鴉片貿易將會合法化，商人們從印度運來更多的鴉片。直至 1836 年 9 月，皇帝決定更新禁令，商人始發現供過於求。在兩廣總督鄧廷楨的帶領下，於廣州發起了一場徹底清除鴉片的運動，運動非常嚴肅並且積極，使得這種非法貿易陷入癱瘓。

這次運動還趕走了游弋在珠江的中國走私船，但英國的武裝艦艇隨後開了進來，開始公開、直接地走私鴉片，一路販賣至黃埔港。義律擔心一旦他們與中國的巡邏隊發生衝突，勢必產生災難性後果。1839 年 1 月 30 日在寫給巴麥尊的信中，義律列舉了中國政府反鴉片運動的力量與決心（白銀外流是其中一項原因），他的結論是：「珠江上那次魯莽行為，可能很大程度促使（中國當局）急欲逮捕那些越發膽大妄為的

外國走私商，以防備他們和在城裡的無法無天、孤注一擲鋌而走險的中國商人勾結在一起。」

在遙遠的北京，皇帝正在研究提交給他的奏摺，最引起關注的一份是湖廣總督林則徐的奏摺，林是當時最有抱負和最有能力的政治家。剛正廉潔、恪盡職守的林則徐被召進北京，皇上正式任命他為欽差大臣，這讓各方都深感意外。他的任務非常簡單：到廣州徹底清除所有鴉片貿易，然後力圖恢復貿易秩序，就像 1834 年以前的東印度公司時代一樣；建立合適的溝通渠道，確定外商貿易負責人，貿易季節結束後所有外國人全部撤離等等。1839 年 3 月林則徐抵達廣州，當地的所有高級官員都參加了歡迎儀式。

毫無疑問林則徐是個博學、正直、聰明、廉潔的人，但與他的前任一樣，對歐洲人和他們潛在能量的瞭解幾乎為零。不過肯定幾個世紀以來中國人和外國人打交道的所有報告他都閱讀過了，因此，他明白到通常外國人只會在中國絕對優勢的壓力下才肯屈服和退縮。基於此，他對於自己使命的計劃和想法與巴麥尊一貫採用的方式相同。此時義律立即動身到澳門，他並不想認識一下這個新官員。他建議所有英國船隻離開澳門和伶仃島，躲到香港去，拭目以待。

林則徐首項任務是下令商販交出所有鴉片並銷毀。他派出五百名官兵包圍工廠、封鎖航道，共查獲

欽差大臣林則徐滿腔熱誠地監督鴉片的銷毀，水彩畫出自佚名畫家。香港藝術館藏。

二百多艘裝滿貨物的小船。沒當一回事的鴉片商們只交出了一千零三十七箱鴉片。林則徐沒有立刻採取行動，決堅拒絕接收這些鴉片，為了表明禁煙決心，他把兩個重量級的公行商人伍秉鑒和盧觀恆套上枷鎖其後又傳召顛地。當顛地拒絕前往時，林則徐二話不說下令洋行內所有中國工人離開，同時切斷洋行的食水供應。勇敢而又消息靈通的義律悄悄從澳門沿河北上，在這個重要時刻出現在那些被圍困的同胞面前。此時已經是 3 月 24 日星期日下午五時，義律做的第一件事就是升起英國米字旗。

　　第二天早上，義律要求林則徐簽發許可證，允許所有英國人和英國船隻離開，否則他會界定是被強行扣留，他將採取相應行動回應。義律的請求遭到了拒絕，威脅沒有起作用；相反林則徐重申了他的命令，要求商人交出手中所有鴉片。從來都是現實主義者的義律見勢頭不對，唯有下令將所有英商鴉片交

出，其實他不單對其他國家沒有任何司法管轄權，也沒有把握自己的國民會否遵從他的命令。為了避免商人們的暴力抗議活動，他保證英國王室會支付商人應有的賠償。聽到損失有保證，商人們同意交出共計二萬零二百八十三箱鴉片，相當於大約半年的供應量。事實上，對於鴉片商來講，這真是一樁好生意，政府一舉買下了半年貨物，要知道如今鴉片已經不那麼容易銷售了；而且他們也明白一旦鴉片貿易重新開始，整整一年裡客戶們將哄搶着那點有限的庫存。物以罕為貴，結果證實他們的判斷是正確的。

好戲就要上演了，沒收的鴉片不准留在廣州而是都轉移到靠近虎門的穿鼻。儘管過了好幾個星期，鴉片如期付運，數量達一千多噸。箱子打開，鴉片被倒入一個石頭壘起來的池子。銷煙池有一個標準游泳池那樣大小，至今仍然保留着。鴉片與水和石灰混合，能達到徹底銷毀。一個廣為流傳的說法是火燒鴉片。若然真的如是，可以想像對於那些幾公里內的癮君子來講，能夠連續幾天索到免費的大煙味是一種怎樣的快樂。

這位欽差大臣看到了自己的戰果後，一定暗自竊喜。他完成了皇帝交付的第一道命令。罪惡的鴉片貿易已經絕跡，許多罪大惡極的罪犯也被驅逐了。但義律卻有不同看法，他明白此時正有更多的船隻在孟買

和加爾各答裝載鴉片，相信林則徐再次自信地朝聖之前，還有很多的工作要處理。

林則徐僅有三個月時間（貿易季節始於九月）執行下半部指令，在廣州恢復「正常」的貿易秩序。為了防止違禁品再次氾濫，他要求外商簽署保證書，聲明永遠不販運鴉片，否則貨物將被沒收和人員將被處死。美國人規規矩矩地簽署了保證書，作為回報，中方同意違禁者將不被判處死刑。

英國人被圍困在香港水域，孤立無援。此時香港發生林維喜案：喝醉了的英國水兵上岸攻擊村民，其中一村民傷勢過重而死亡。林則徐要求英國人交出殺害林維喜的兇手，遭到義律拒絕，林則徐指義律意圖是製造治外法權，顯然違反中國的刑法典。

事到如今香港已經被悄然捲入鴉片貿易。阿默斯特勳爵知道香港南岸有一處大型淡水瀑布，即現在的

1842 年，香港港口的油畫，海面上見到英國軍艦於簽署《南京條約》後趕返家鄉。威廉·尼爾（William Adolphus Knell）繪。

85

華富；但十八世紀後期的地圖顯示，多年來沒有人懷疑他們看到的島嶼，有一處優良海港，在島北岸與中國大陸之間有一個世界上最避風、最美麗且最天然的港灣。直至 1829 年，每年都會有小量英國船隻在香港水域停泊。而現在，幾乎所有在中國沿海活動的英國人都聚集在此，等待事態的發展。英國人的生活補給由當地的中國人供應，故此當義律拒絕交出殺害林維喜的兇手時，林則徐下令切斷對他們的生活供給。此外，義律也沒有完成林則徐提出的另一項要求，即所有英國商人都要簽署放棄鴉片貿易的保證書。

義律決定提出嚴正抗議，9 月 4 日，他帶領一支小艦隊駛向九龍，與停泊在那裡的三艘大戰艦會合，要求中方供應食物和水。中國人沒有理睬義律，隨後英國人發炮攻擊，這是鴉片戰爭的第一炮。這時候本來義律正試圖恢復談判，但當他接到報告說廣東水師

「復仇號神」（Nemesis）於 1841 年 1 月 7 日領導英國軍艦在虎門外海灣與中國戰船作戰。德勤的凹版畫作。

提督關天培，正準備派人前往香港緝捕殺害林維喜的兇手時，義律隨即率領在香港的兩艘軍艦到虎門，要求清朝允許所有英國人不受干擾地返回澳門。關天培接到義律要求後，非常客氣地表示有關申請還在處理中，請求英國軍艦先回到下游。英國人照做了，但是第二天一大早，中國水師就朝着英國艦隊迎面駛來，義律命令準備還擊。1839 年 11 月 3 日中午，長期以來被盲目樂觀的報告衝昏了頭腦的清朝水師，終於向最令人畏懼的歐洲強國的戰艦發起了進攻。

雙方並沒有正式宣戰，實際上當時並沒有真正的渠道能把戰爭的消息傳遞出去。戰鬥就這樣開始了，時而零零星星時而激烈異常，一直持續了三年左右。鴉片戰爭正式開始是在 1840 年 6 月 9 日，當時的英國遠征軍到達了廣州水域並封鎖了城市，然後一路北上。最終結果是 1842 年 8 月 29 日，中英雙方簽署《南京條約》。條約規定中國支付英國二千一百萬元的戰爭賠款，香港被永久割讓給英國作為自由港，在官方的溝通上也達成了共識（不再使用「呈請」和「夷人」兩個詞彙），而公行亦被取消。另外，開放沿海城市廈門、廣州、福州、寧波、上海，允許英國人居住和進行貿易，英國將在這幾個城市派駐領事。自此最初的五個通商口岸成立了。英國公民被允許居住在通商港口，受本國法律約束（治外法權），且只接

1943 年中英簽署條約，英國最終放棄在中國擁有治外法權。

受英國官員的管理。1843 年，作為《南京條約》補充條款的《虎門條約》確保了治外法權的施行，重新制訂了茶葉、絲綢、棉花以及毛織品等商品的關稅，但是沒有提及鴉片。

通商口岸存在的期間，治外法權的概念對於中國人來說是一個從無間斷的刺激。歐洲人的這種做法根本算不上是什麼新主義。治外法權指的是在一個國家居住的外國居民，依然受自己本國法律的保護和規範，而不是所在國的法律約束。早在唐朝，外國人的聚居地便是由首領按照自己國家的法律進行規範管理的。治外法權最早被列入中國與外國列強簽訂的條約，是在十七世紀末、十八世紀初同俄羅斯人簽訂的條約。中國在第一次世界大戰時加入協約國，於是敵方陣營的德國在華的治外法權被收回。1917 年俄羅斯大革命後放棄了其在華的治外法權。中國一直與英國商討何時取消治外法權，由於 1931 年日本入侵東北而推遲。其他的締約國也在 1942 年 10 月放棄了治外法權。

《虎門條約》有一條「片面最惠國待遇」條款，規限清朝皇帝給予其他國家任何優惠，英國人應同享，隨後美國和法國也得到了類似特權。1844 年中美《望廈條約》的簽署又一次禁止了鴉片貿易，但允許美國有權在通商口岸城市建立教堂和醫院；而根據

中法於1844年10月24日簽署的《黃埔條約》。

1844 年中法簽訂的《黃埔條約》，則允許法國人自由傳播天主教。

　　雖然只有英國、法國以及日本和中國簽訂了開放通商口岸的協議，但是其他國家根據「片面最惠國待遇」條款接踵而至同享優惠。事實上這些國家非常樂於效仿，反正這樣做對他們沒有任何損失。如果比利時和秘魯拿起武器去爭取貿易優惠的話，那就實在太莽動了。根據「片面最惠國待遇」這一原則，他們根本沒有必要這樣做。到後來全世界總共有二十二個國家與中國簽訂了協議，享有「片面最惠國待遇」。

　　就這樣通商口岸的體系建立了起來，這體系又通過以後的條約逐漸擴大。從現在開始，將分別對這六個對外通商口岸進行講述，直至通商口岸時期的結束。雖然每個通商口岸撥出的通商地段都非常小，然而對於中國的意義卻非常重大。尤其是香港，中國再也不能自詡是全世界的中心，被那些可憐的蠻夷國家圍繞。這種觀念已經在中國大地上延續了數千年，現在已經不值一哂。從某種意義上來說，香港和其他通商口岸的設立是促進一個嶄新中國誕生的重要因素。

口岸

中國苦力將茶葉從種植地運往岸邊,途中要
經過多重徵稅關卡。

佩爾特斯繪畫的地圖「中國口岸」的細部,顯示了香港和澳門,與
位處河口中游、遺世獨立的伶仃島的相對位置。

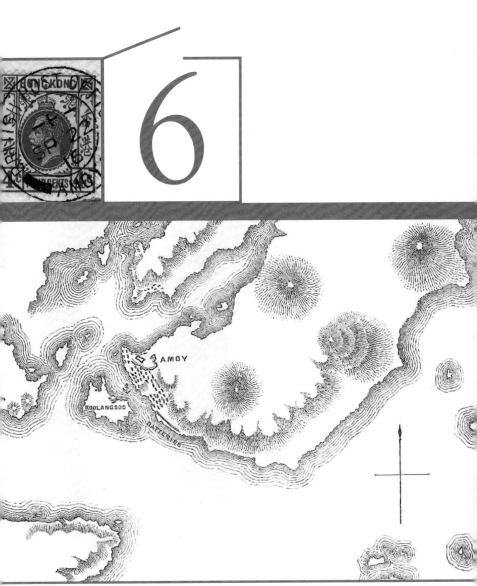

約翰．戴維斯（John Davis, 1795-1890）1813 年成為東印度公司的廣州撰稿人，1816 年轉任阿默斯特使團。
1844 年被任命為香港第二任總督後，到訪各個通商口岸。此圖刊載於其 1852 年出版的著作《交戰時期及
媾和以來的中國》（*China, During the War and Since the Peace*），廈門、長列炮台、鼓浪嶼均清晰可見。

廈門

　　儘管擁有全中國沿岸最好的深水港，作為通商口岸的廈門卻從來沒有達到人們的期望。即使是在 1867 年剛剛開放對外貿易後不久，廈門只是被描述為「過往重要的商業中心」。它的主要不利條件包括與內地交通不便、經濟落後。不過這些並沒有阻止更靠近福建北部的沿海城市泉州成為中世紀繁忙的商業中心，馬可孛羅曾把這裡描述為「東方的亞歷山大」，稱為「桐城」，這是從阿拉伯文「緞子」（泉州是緞子出口港）一詞派生出來的；他還指出，運抵歐洲的辣椒總和還不及這裡辣椒交易總量的 1%。

　　十四和十五世紀很長一段時間裡，來自日本的海盜常給當地造成很大危害。比起其他大多數沿海定

廈門北閘的早年照片，儼如城市的秘密後門。

居地，廈門還有一個缺點：它坐落在一座長約十二公里，周長四十公里、崎嶇不平的島嶼上，海盜們可以從多個地方悄悄登陸而不被察覺。1394 年，這裡修建起環繞全城的城牆。不過，當另外一群外國人來到這裡時，儘管他們看上去更陌生、更古怪，依然受到了熱烈歡迎。葡萄牙人 1516 年到達廈門，並在接下來的半個世紀裡斷斷續續地進行貿易活動。正如前文所述，明朝實施海禁，葡萄牙人的業務並非完全合法。為了避開政府的線眼，雙方的貿易是在諸如金門島這樣的外港進行的。素以「下南洋」而聞名於世的廈門商人不但和葡萄牙人，還和日本人一起做生意。正如我們在第一章中看到的，朝廷在十六世紀四十年代後期開始嚴格實施了海禁政策，卻遭到福建當地人和日本商人的聯合抵制，海盜在其後的幾十年，不停肆虐

中國海岸，直到清廷 1567 年被迫取消海禁。

正是在這個時候，西班牙人抵達馬尼拉，與此同時有越來越多福建移民來此定居。福建是中國最靠近菲律賓的一個省份。1575 年，滿懷着對中國絲織品的渴望，西班牙人跨過菲律賓和福建之間那不寬闊的海洋，從馬尼拉來到廈門，因為他們在墨西哥的絲織工業非常興旺，需要大量原材料。可是，他們直接登陸的申請被駁回了，既然如此他們便把精力集中在已經持續了好幾個世紀的海上貿易上面。如第二章所述，每年都有三十艘到四十艘中國帆船滿載着絲綢、瓷器和其他產品從福建航行至馬尼拉，返航時帶回砂金、毛皮、洋蠟和木材。西班牙人的貿易不斷擴大，載滿中國商品的大帆船行駛在太平洋上。同時，裝滿美國白銀的帆船也從馬尼拉經由福建的港口開進中國，注入到中國的經濟發展中去。

1604 年，第一艘荷蘭船隻來到廈門，卻未能獲

進入廈門的主要入口，阿羅姆於 1840 年形容其「雖宏大卻有欠華麗」。

准貿易。他們在之後的五十年中繼續嘗試，然而總是失敗。在中國，他們為自己留下了非常「好」的聲譽——貪婪的海盜。1603 年，他們無恥地搶佔了葡萄牙人停在澳門的「黑船」，隨後還對澳門進行攻擊。1632 年，一個曾深入瞭解廈門的荷蘭人說當時的廈門比巴黎還要大。此人是二十一艘荷蘭艦隊的成員之一，參與了對廈門的攻擊，並在廈門及周邊地區大肆掠奪一切能夠拿到的東西。除了這些暴行，荷蘭也通過他們在台灣的貿易基地做些小生意。如同之前的葡萄牙人，他們暗中走訪金門附近的幽深海灣。荷蘭人的事業開展到一半的時候，鄭芝龍和他的兒子「國姓爺」鄭成功控制了廈門——不過他們不認為荷蘭人是貿易夥伴，而是競爭對手。其他章節已經講過鄭氏家族的故事，1662 年鄭成功將荷蘭人驅逐出台灣後，荷蘭人一直在尋找復仇機會。翌年，荷蘭人與大清帝國的艦隊聯手剿滅鄭成功在廈門的「叛軍」，廈門是明朝遺老最後的據點；但是這次，他們也沒有得手。直到二十年後，清廷才能對廈門進行實體統治。

這個時候，英國人登場了。作為先遣團，東印度公司 1670 年派了一艘船到廈門。仍舊掌控着廈門的鄭成功知道東印度公司是荷蘭人的宿敵，樂見兩者互相牽制，鄭成功於是在 1675 年非常高興地給英國人頒發了貿易准許執照。第二年，東印度公司在廈門

建立了一家工廠，比他們在廣州建廠整整早了十年。
1678 年，東印度公司一度將廈門當作是他們在中國最
重要的據點。但是英國人很快意識到，將中國版圖中
這塊與中央政府作對的地方作為主要基地會面臨多麼
大的風險。清王朝 1683 年攻佔台灣後，東印度公司
放棄了在廈門的工廠，直到今天我們也無法找到其遺
址。東印度公司的船隻仍然被允許進入廈門港，但少
有船來，因為主要精力都集中到廣州。

人們還記得，廣州是唯一允許外商進行貿易的
港口。儘管西班牙人享有在廈門進行貿易的特權，這
是別的國家不被允許的，但他們卻沒有好好利用這個
優勢。這也可以解釋為什麼一百年後廈門仍能找到西
班牙人的蹤影，縱使在十八世紀末，他們在廈門的貿
易差不多都消失殆盡了。從 1810 年到 1830 年，只有
一艘西班牙船隻到訪，這艘船屬於來自加爾各答民間
商人的伊利薩里公司，船上坐有詹姆士·馬地臣。該

阿羅姆稱廈門港外的錨
地，「足以讓千艘船安全
前進」。

船老闆艾塞維爾‧伊利薩里（Xavier Yrissari）擁有馬尼拉與西班牙裔美國人的人脈，對於其年輕合夥人馬地臣是非常有價值的。威廉‧渣甸 1832 年派出了一艘船，就像他後來在怡和洋行中的夥伴馬地臣一樣，他為自己的鴉片生意找到了一個暢銷市場。

隨着第一次中英戰爭（或鴉片戰爭）的爆發，廈門迅即引起了英國軍方的注意。「布朗底號」（Blonde's）戰艦 1840 年到達這裡，並帶來一封寫給中國皇帝的信。結果，信沒有遞交且不說，廈門脆弱的防線竟向軍艦開了火，「布郎底號」隨即向岸邊還擊。兩年後，接替義律的砵甸乍爵士（Sir Henry Pottinger）帶着處於全盛時期的艦隊浩浩蕩蕩抵達廈門。憑藉「布朗底號」戰艦擁有豐富作戰經驗，英國人對自己的實力滿有信心；出乎意料，中國在這裡已經建立了大量的防禦工事，尤其是在長列炮台（即石壁炮台），

1841 年 8 月 26 日所捕捉到的廈門沿岸景觀，克福（R. B. Crawford）的作品。香港海事博物館藏。

沿着大炮前線一千米長，裝備了九十門大炮，面對着英國人的是八千名清兵和二十六艘戰船。英國人發出最後通牒，中方沒有予以理會，隨即爆發了激烈戰鬥。持續四小時的炮火轟炸，高下難分。直至英國軍隊繞道炮台後方登陸，英國人才贏得並結束了這場戰鬥。1842 年 8 月 27 日，廈門被英軍佔領了。

砵甸乍一路向北推進至舟山群島，在只有四千名居民的鼓浪嶼留下了三條小船和四百名士兵駐防，他們的大炮通過一條狹窄的水域便能夠控制廈門和附近港口。由於戰爭賠償一直沒有完全付清，清朝直到 1845 年的 3 月才贖回鼓浪嶼，英軍方才撤離。不少英國人葬身在這裡，大多並非死於戰爭，而是死於瘧疾與高燒，死後被草草埋葬在一處狹小而擁擠的公墓。

按常理，英國應該從最初定居在通商口岸的外國人中選擇一人為領事，廈門卻不是這樣。渣甸於 1841 年派遣一名代理人到來，在鼓浪嶼建了一座房子，自此英國人紛至杳來。兩年後，毫無外交經驗的前東印度公司員工亨利·紀里布（Henry Gribble）來到廈門，開辦領事館。領事職能不可以同外交官或者大使的職能混淆，英國人認為後者是國王或女王的正式代表，有權與中國的皇帝溝通。直到 1860 年的《北京條約》，這種（英國國王與中國皇帝）平級的推定才被中國同意。許多最初被選中成為領事的人其實是商

人，他們對中國海岸的熟悉起了關鍵作用。一些被任命的領事發現，在處理自己的生意和領事責任之間尋求平衡是非常困難的，這令他們非常困擾。在有些通商口岸，領事們發現自己孤身一人，沒有其他商人願意追隨。早期的領事們很少或幾乎沒有任何培訓。甚至在領事館正式建立之後，很多英國領事還只不過是來自貴族家庭的年輕子女——並不需要最好和最聰明的人。當時，美國的領事們也是沒有工資的，大多必須維持自己生計，甚至支付作為領事所涉及的各種服務支出。英國一般會為該國領事們提供多種用途的行政和住房，並提供支援員工包括翻譯和實習生，再者他們領到的薪水也要比其他許多外國同行高。

作為政府的官方代表，領事有責任和義務保護同胞，維護他們的利益，特別是在貿易方面。由於領事同時需要規範他們的行為，這使得他在那些夢想快速致富、不惜破壞規則的商人們間不受歡迎。根據治外法權的原則，領事會覺得自己身份尷尬：既要充當法官、仲裁員和獄卒，同時還要代表他的國家和政府；面臨棘手、敏感的問題，常常需要迅速作出決斷。一個最主要的例子是對於那些違法商人應否提供保護。從十九世紀六十年代中起，所有英國領事都要向倫敦遞交年度報告，滙報所在通商口岸的商業活動。報告種類繁多且頗具細節，非常有研究價值。

領事應當在多大的程度上推動貿易，這個界限一直不是很清晰。如果過於盡責和認真，他就會被指過分干涉。儘管如此，仍有很多準出口商聯繫駐外領事，試圖為一些有時候完全不合適的商品尋找海外市場。

1843 年 11 月 2 日，紀里布艦長抵達廈門。他習慣了公司在廣州的豪華洋行和澳門的休閒別墅，當他發現廈門這座城市環境髒亂、空氣難聞時，簡直無法逗留。即使在中國人眼中，廈門也被認為是極度髒亂的。許多曲曲折折的小街都不到一米寬，同時肩負着通道、排水溝與下水道等多重功能。紀里布把家建在廈門對岸的鼓浪嶼。領事辦公室的職責要求必須要建在做生意的地方，如「廈門那邊」（這和「香港那

在廈門仍然大量存在的其中一條石板小巷。祺力高攝。

於 1847 年受委托興建的前英國領事官邸原有兩層，其中一層在颱風中損毀，幸而餘下的看來亦相當均稱，但卻無從入內，僅能從大閘內望。祺力高攝。

101

邊」、「九龍那邊」是一樣的詞語組合）。具有諷刺意味的是，紀里布一開始就把辦公地點選在長列炮台（今天廈門大學附近），這裡最早正是為了保護這座城市，抵抗他和他的英國同胞而修建的。事實是英國商人也抱怨這個地方距離他們太遠了。於是為了便於監察所有商業活動，紀里布後來在海濱找了一片挨着海關大樓的空地，這裡後來亦成為英租界的核心區域。

　　僅僅一年後，拉瑟福德‧阿禮國（Rutherford Alcock）取代了紀里布。新官上任熱衷於顯示英國據點，依據英方艱難達成的條約的賦予權，在廈門的領事館升起了國旗。他先是選址建了一座集辦公與居住為一

從鼓浪嶼望向廈門，阿羅姆發現小島雖可保護廈門免受惡劣天氣侵襲，但卻未能抵擋海盜。香港海事博物館藏。

體的建築。作為一個繼任者，他參觀了商人在鼓浪嶼上的舒適住宅，開始嫉妒他們在這個閒適又有益健康的小島上的生活。1847年，他在鼓浪嶼的西南角置了一處新居，把房屋建在高高的懸崖邊，以便能夠享受清涼海風。十九世紀六十年代，英國的米字旗從城市中的領事館，一路飄揚到鼓浪嶼東邊渡海碼頭附近的新建築。

選擇廈門作為最早通商口岸之一有很多有利條件。廈門坐落在一個巨大港灣內，有較其為大的金門島為其阻隔風浪，同時也受到旁邊小鄰居鼓浪嶼的保護。從海路進入遠比廣州為方便。在廣州，外國船隻需要聘請當地領航員帶領他們穿越長而曲折的珠江才能到達。很多在廣州的貿易也被吸引到廈門來，尤其是這裡距離茶葉產地非常近。向內地延伸的武夷山，一種被當地人用來換取鴉片的紅茶。在廈門開放為通商口岸之後，廣州的勢頭被沖淡了，廈門的對外貿易量顯著提升。到了十九世紀五十年代，廈門已經變成上海以南最繁忙、最富色彩的港口之一，數千商船聚集於此，這些船幾乎全部都是亞洲人擁有的。除了茶葉和糖，歐洲人也進行鴉片貿易。鴉片船緊隨英軍1842年的入侵而進入。英國領事館開設後，當地主要的鴉片館迅即派出接駁船迅速地往主港口外，中國的鴉片走私商可以在這裡同英國人交易，而免受懲罰。

最初在廈門設立的部分洋行包括：博伊德洋行

蒸汽船「里門號」（Lyee-Moon）上飄揚着顛地洋行的旗幟，約1860年。佚名畫家繪。香港海事博物館藏。

（Boyd & Co.）：該公司老闆最初是塞姆（Syme）的合作夥伴，之後獨當一面，且任商業代理，舉足輕重。1900年擁有外籍員工七人。布朗洋行（F. C. Brown & Co.）：老闆曾經是顛地接駁船的大副。以絲綢商身份開創新公司，之後在鼓浪嶼成為布商和裁縫。其後又經營鼓浪嶼牛奶乳品公司（Kulangsoo Milk & Dairy Produce Co.）。布朗洋行（H. D. Brown & Co.）：開創業務前，老闆曾經是顛地駐當地代理和接駁船船主。顛地洋行（Dent & Co.）：主要的鴉片商之一，接駁船是「阿默斯特勳爵號」（Lord Amherst）。賈米森埃利斯洋行（Jamieson Elles & Co.）：創辦人是丹麥商人、丹麥領事。怡和洋行：最初涉獵代理領域，1900年怡和洋行有五名職員，從事貿易與代理銀行、保險和船舶公司。納德蕭洋行（Nandershaw & Co.）：巴斯鴉片進口商。擁有接駁船「探路者號」（Pathfinder）。塞姆洋行（F. D. Syme & Co.）：與合記行（Syme, Muir & Co.）一樣成為販賣奴隸貿易的先鋒。帕斯達洋行（Pasedag & Co.）：由德國人帕斯達（C. R. Pasedag）創立，最初是一家代理公司。他也是漢諾威、漢堡和普魯士的領事。德記行（Tait & Co.）：1845年由詹姆斯·泰特（Tait）建立，為廈門重要的英商。在台灣和日本均設立分公司，並曾是渣打銀行和香港郵政總局的代理，同時也是合記行在苦力貿易中的合作夥伴。

該行還經營新廈門船塢公司。公司所有的合作夥伴都能操當地方言，毋庸聘用買辦。在 1900 年有外籍員工九人。威爾遜·康納卜洋行（Wilson, Cornabé & Co.）：第一家在煙台芝罘區建立的公司。

新通商口岸還在發展初期，但小刀會在廈門的創立早讓其名聲在外。小刀會是一個類似於三合會的民間組織，旨在推翻清朝統治；建立者是一名曾任職廈門的外商洋行的新加坡華僑。1853 年 5 月，三千名小刀會成員的出現震驚了廈門，他們佔領了這座城市。在英國炮艦保護下，身處小島鼓浪嶼上的外國人超然世外，袖手旁觀清政府如何收拾局面。小刀會幾乎兵不血刃地迅速攻佔了廈門，清朝想要收復卻花費了很長時間。直到 1854 年，秩序才得以恢復，商業也很快回歸了正常。那一年，有五十艘英國船靠岸，1855 年超過了一百艘，1856 年的船隻數量更逾兩倍。

1850 年，廈門只有二十九名外國居民。在茶葉貿易刺激下，1856 年末，外國人的數量增加到一百一十五個。根據協議，外國人可以在海濱租界建立貨倉，使得外國居民數量激增。1858 年至 1875 年間，運來的茶葉數量翻了一倍，但之後又開始下降。這是由兩個主要因素導致的：第一，英國人和美國人偏愛來自印度和錫蘭、口味濃郁的茶葉；第二，目光短淺的中國政府對內徵稅使得種茶變得越來越沒有吸

苦力在茶葉種植地運送茶葉。

引力。茶農和包工日漸怠懈，對於數量的關注遠遠大於質量。1899 年，美國甚至禁止從廈門進口的茶葉。廈門的茶葉出口貿易日漸式微，到 1907 年的出口跌至零。具有諷刺意味的是，英語單詞「茶」(tea)的發音卻是來自廈門方言的。當地的茶葉一度被台灣茶取代，台灣茶葉運抵廈門，然後由此再輸送其他地方。當日本在 1895 年打敗中國，佔領台灣後，台灣茶從此直接被送至日本進行處理，廈門只剩下糖的出口了。禍不單行，儘管海外對於糖的需求和茶葉一樣高，但是廈門糖的質量卻比不過爪哇的糖，加之沒有人願意學習和趕超爪哇的技術，糖的出口也逐漸萎縮。

極具諷刺是，由於廈門及周邊地區的貧困讓它保住了通商口岸的地位。隨着非洲奴隸貿易的廢除，美國種植園和東南亞新殖民地的開發，促使商人紛紛來

十九世紀末，滿載苦力移民的船隻正駛離廈門，圖中可見船上條件十分駭人。

華尋找合約勞工。代理機構或稱「苦力掮客」向那些無知的移民埋手，誘使他們到岸邊等待的輪船中去。廈門為當時國內轉運苦力的最重要口岸，這真是一筆大生意。合記行在海關旁建立了一個很大的苦力集中處（這個稱呼來自非洲奴隸貿易），給那些等待上船的苦力們暫住，而德記行則用船舶作為移動倉庫，就像當年做鴉片貿易時一樣。中國人稱苦力集中處做「豬圈」，因此聲名狼藉的苦力貿易亦叫做「賣豬仔」。1853 年，香港總督約翰・寶寧（John Bowring）描述數百人被剝光了衣服給關在「豬圈」中，胸口均烙上或畫上字母 C（California，加利福尼亞州），P（Peru，秘魯）或者 S（Sandwich Islands，三明治群島）等等。作為西班牙、荷蘭和葡萄牙的領事，泰特本人可以決定自家簽署的勞工合約合法有效。1852 年，憤怒的中國人湧上街頭，用石頭砸向苦力集中處，塞姆本人也受到了攻擊。此前，塞姆和他轄下的職員命令當地警察釋放替他們跑腿的掮客，原因是掮客們曾不遺餘力綁架本不願意上船當苦力的中國人，因而被捕。停在近海的英國皇家軍艦帶了一隊海軍趕了過來，朝示威者開火，打死了幾十人，傷者更多。鑑於其「破壞了同中國進行貿易的協議」，英國領事法庭對塞姆罰款二百美元，對他的職員罰款二十美元。

於是泰特的移動倉庫轉移到了汕頭，不再向拉

由香港上海滙豐銀行承
印、其廈門分行發行的其
中一張細面額額紙幣。香港
上海滙豐銀行藏。

丁美洲輸送苦力,廣州、澳門和香港紛紛超越廈門成
為新的移民港口。廈門依然是中國人「下南洋」的主
要出發港。1877 年到 1883 年,有十六萬七千人經此
出國;1898 年,移民數量為七萬五千人,1902 年是十
萬二千人,其中七萬七千人去了新加坡。截至 1865
年,廈門總共有英國、美國和西班牙三個國家的領事
館。隨之服務業與輔助工業相繼發展起來。廈門船塢
公司成立於 1858 年,它的設施包括一座乾塢,能接
納各類進港船隻,還有一些相關服務。廈門工程公司

後來也宣告成立，這是一家位於鼓浪嶼，英國人經營的中國公司。1873 年，新成立的香港上海滙豐銀行也在廈門建立了分行。1878 年，鼓浪嶼的生活變得非常優雅。來自歐洲的舶來品、冰塊和汽水擺滿了商店貨架，當地居民甚至還有生產鮮奶的計劃。最重要的俱樂部也在此，且設施非常齊全：圖書館、桌球、網球場、小劇院還有酒吧和提供晚宴的餐廳。另外，還設有健身設施，有板球、網球、浴池和帆船。每年有兩天在廈門那邊舉辦賽跑，觀眾們還有機會賭上一把。對男士來說，還可以在周邊的郊外練練槍法。十九世紀八十年代中期，外國人在廈門的數量超過廣州，達到三百人，這已經是可能達到的最大數值了。這裡有二十四家洋行，卻有一百八十三個本地批發商和六家中資銀行，中外企業數目的對比預示外商遇到的問題。隨着新世紀的到來，廈門作為通商口岸的重要性漸減小。船運和國際銀行業務是中國人仍未開發的兩

1870 年的鼓浪嶼全景，佚名攝影師攝。博納‧夏沛羅（Bernard J. Shapero）古書店藏。

個專業領域,還掌控在外國人的手裡,但是在這兩個領域也出現了衰落的跡象。船隻正變得更大、更快,毋須進港補給。此外,鐵路運輸對貿易模式也產生了巨大影響,而廈門卻還沒有貫通鐵路。

自從廈門成為通商口岸,其對外貿易與商業活動便開始興起,鼓浪嶼隨之成為最宜居住之地。但是外國人對於租借期一直沒有明確概念,因為《南京條約》中沒有提及鼓浪嶼。從十九世紀七十年代末期就出現了鼓浪嶼道路委員會,每年通過選舉來任命委員。他們並不擁有真正的權力,主要任務是管理幾條小街道。外國人感到需要更多的基礎建設,但是任何關於這方面的動作都被中國人拒絕,理由是中國人視此為喪失主權的一種表現。1897 年,北京的大臣們收到了一份《提高鼓浪嶼島市政管理的方案》,當然得不到朝中大臣的支持,但形勢很快就發生了變化。

使中國人妥協的是對於日本的警惕提高。1895 年在同日本的戰爭中失敗後,清廷將台灣割讓給日本,最終台灣被納入日本的貿易範圍,與廈門漸行漸遠,這給廈門造成了損失。1900 年 8 月 23 日,廈門一座日本寺廟被人縱火燒燬。第二天,一艘日本巡洋艦來到廈門,一隊海軍佔領了港口地區。超過四萬名中國人被迫逃離這座城市,所有貿易都被停止了。8 月 29 日,一艘英國巡洋艦在廈門另一邊靠岸,當中承載大批英

國海軍，名義是協助中國警察維持秩序。對峙了幾天之後，日本和英國雙方都撤回了。不過此次事件釋放了兩個信號：日本人虎視眈眈，而廈門則不堪一擊。當日本要求租借鼓浪嶼三分一的土地，甚至已經圈好了土地，其他國家的使節們終於意識到該採取些行動了。美國人隨即要求擁有鼓浪嶼剩下的三分之二領土。中國被迫做出妥協，防範日本人侵略最好的辦法，就像上海那樣在廈門設立保護區。1903 年 5 月 1 日之後，鼓浪嶼被劃成國際租界。

這裡的租界確實非常國際化：總共有十二家領事館，儘管只有四個是真正進行外交工作的，分別是美國、英國、德國和日本。其他的領事館只是名義上的，由商人來管理。鑑於這裡有眾多的國家並且彼此並不和睦，納稅人選出了由六個外國成員組成的鼓浪嶼市議會。另外，還有由當地最高的地方官道台任命一個中國成員。市議會按照一系列鼓浪嶼土地規條（Kulangsu Land Regulations）來行使權力。一個外國人組成的警察隊伍也同時組建起來，由歐洲人擔任總監，還包括多位錫克教警察。這些規定同廈門已經存在的英租界沒有關係，廈門的英租界另設市議會，五個成員是由土地承租人選舉組成，他們也擁有自己的警察隊伍。鼓浪嶼市議會採取的第一個行動是擴建外國人公墓。早期商人和士兵的遺骨都被重新入葬，豎

鼓浪嶼僅存的一片歐洲人
墓碑，唯一可清晰看到
的是亡者的姓名羅伯特
（Robert）。

立了墓碑，雕刻了生卒年，最早的一位可追溯至 1698
年。遺憾的是，這些歷史資料已不復存在，如今鼓浪
嶼音樂廳坐落在遺址上。古老公墓於 1958 年時被革
命的洪流摧毀了，儘管之前已經遭到了不小的破壞。
由於日本佔領軍對噪音很敏感，島上的花崗岩採石場
於二十世紀三十年代末被關閉，一直持續到太平洋戰
爭及至 1949 年，斷絕了島上居民建房材料的來源。
居民只好去尋找他們唯一可以得到的原料，就是洋人
公墓中的大塊條石。在鼓浪嶼北部一條小街上，仍然
可以看到一塊鋪在地上用作梯級的古墓碑，儘管上面

約 1909 年 的 救 世 醫 院 （左）及 威 廉 敏 娜 醫 院 （右）。

的日期已經漫漶地無法辨認了。

　　作為外國人的一個定居點，鼓浪嶼的地位和魅力不斷提升。1915 年，《中國指南與紀事》（*Directory & Chronicle for China*）一書中寫道，這裡也許是「中國海岸線上最迷人的小共和國之一」。1909 年，那裡有幾所小教堂、兩家醫院、兩個俱樂部、幾間酒店，和一些優雅的小店包括一家男子服飾店和一家診所。這兩家醫院都是荷蘭人捐資建立的，一家是成立於 1898 年專為男人而開的救世醫院（Hope Hospital），如今院址仍在，雖然正被改建成一家酒店；另外一家是成立於 1899 年，專為女士服務的威廉敏娜醫院（Wilhelmina Hospital）。至於其中的一間酒店名叫新廈門酒店（New

太古洋行備受爭議的新碼頭。

113

Amoy Hotel），是由一位退休德國海軍軍官經營，曾被稱為「中國海岸上能找到的最好的小酒店之一」。

對於通商口岸本身來講，海外勞工的滙款對廈門的發展至關重要，這不僅僅是金錢。回國的移民正在形成規模，最著名的是來自於革命者孫中山，他領導的辛亥革命推翻了清政府。八年後，從北京和上海勃興的運動更具革命性，民族主義和反帝國主義的思想傳播開來。1919 發生在廈門的一件事激起了當地中國人的排外情緒。太古洋行（Butterfield & Swire, B & S）是一家保守的洋行，早在 1896 年在廈門建立了分公司，在泥濘的海濱還有一座倉庫。太古的船隻盡可能地靠近陸地停泊，利用舢舨和一條搖搖晃晃的木製棧橋卸貨。當公司修建鐵橋，將之接駁至浮動的碼頭時，中國人將此看成是外國人進一步的侵佔舉措。當地人委派代表去北京和上海，為其排外想法尋求支持。

1922 年，隨着中國國內局勢的動盪，無論鼓浪嶼上的國際租界，還是廈門的英租界，都感受到越演越烈的反英活動。中國人設法阻礙貿易發展，而不是想辦法推進。在接下來的幾年，中國國內局勢越發嚴重，幾家主要的中國銀行和商業從廈門轉移到相對安全的鼓浪嶼來。1925 年 5 月的「上海事變」（詳見第十一章）也波及廈門，極大地推動了反英情緒的釋放，學生們的行為激勵着來自南方的同學加入作戰

狀態。然而，令他們失望的是更多的廈門人還是保持着冷靜頭腦，示威活動遠遠不及其他地方猛烈。不論是抵制英國貿易還是反英的罷工行動，在廈門都沒有興起波瀾。實際上，廈門是當時唯一非但沒有停止貿易，反而還在發展的對外貿易港口。部分原因歸功於廈門距離香港非常近：香港的罷工和抵制活動，反而給廈門提供了貿易的機會。然而，取消租界的決策還是被採納了。1930年廈門作為外國租界的歷史結束了，地方當局收回地區行政權和公眾設施管理權。

大部分人都認為鼓浪嶼作為國際租界已經完成了使命，空間狹小阻礙了它的進一步發展，外國居民贊同歸還中國。但遠在北京的條約國外交官們卻感到恐懼，擔心類似情況會在上海租界重演，極力反對，最終廈門的租界地位，儘管已不合時宜，還是持續了一小段時間。此時廈門正經歷着巨變，原有的濱海碼頭已無法勝任貨船裝卸工作，繼續使用只會讓情況變得更糟。過去，舢舨協助大小帆船也許綽綽有餘，但對

1927年修復前的廈門海濱。太古集團藏。

於越來越龐大的蒸汽船卻根本派不上用場。基礎設施沒怎麼得到發展，太古洋行試圖修建新橋甚至引起了騷亂，現狀是無法維持下去了。1927年，廈門開始修建新外灘，城市道路被整修成適合汽車的；1928年，矗立了五百三十四年的城牆給推倒；及至1931年，新外灘修建完成，一系列嶄新的商業樓宇出現。

但是這個短暫的發展期更像最後的狂歡。1924年上半年，日本又一次伺機登陸廈門。1939年，日本人更加肆無忌憚地侵佔大部分中國領土，同時佔據廈門。早在1898年，日本就在鼓浪嶼小試牛刀，建立領事館，目的顯然是進一步向中國侵佔，繼而在1928年進行了擴建。當時那裡已經聚集了相當數量的日本人。當日本想要佔領國際租界的意圖日漸明顯，英國和美國出面干涉，兩國的海軍在鼓浪嶼登陸，表示他們忍耐是有限度的，直到1941年，事情始告一段落。為了表示抗議日本於1941年12月襲擊珍珠港釀成駭人的後果，與日本的抗爭更具象徵意義。鼓浪嶼上的

廈門海傍，海關大樓位處中央，左旁相隔數幢大樓為郵政局。祺力高攝。

116

今天華麗的廈門海關大樓，依然屹立在原有舊址上。祺力高攝。

國際租界雖然奮力地想同往常一樣運行，但與此前的廈門口岸一樣，如今已無力回天了。

今天的廈門還有些什麼？

　　廈門作為通商口岸的設施大多不復存在。外灘郵局還屹立在十九世紀時的位置，海關大樓也一樣，從 1648 年開始一直挺立至今，但這兩棟建築最近都

被重建了。為了表示對歷史的尊重，郵局在臨街的牆上掛着十六幅巨大照片，展示着大清帝國時期各種面額的郵票。在這兩棟建築南邊是中國工商銀行分行，地下一層的歷史可追溯至台灣日本銀行的年代，地面上菊花圖案清晰可見，彷彿訴說着歷史。遠離海邊的商業街兩側到處可見佈滿戰前建築。舊城牆的形狀自然是無法在現有摩登街道地圖中勾勒而出，惟只有一小段遺留下來的舊城牆碎片，依稀提醒着人們。中山路的大部分路段還是帶廊柱的行人通道，沿途有些建築可以追溯到二十世紀四十年代，甚至更早。很多曾被早期歐洲來客描寫過的小街還在那裡，實在非常漂亮：它們非常狹窄，甚至部分給遮掩，而且每隔幾米就要轉個彎，現在都被清理得一塵不染，份外乾淨。

鼓浪嶼上還遺留有很多古建築，大部分建於二十世紀二十至三十年代，由衣錦還鄉的海外勞工出資建造。廈門市政府在 2002 年給一些古建築物掛上了牌匾，牌子並沒有提供什麼有用信息。另一方面，很多樹也都標有它們拉丁文學名的標籤。在渡輪碼頭附近，最有意思的遺址便是保存完好的前日本領事館，但幾乎是完全閒置。路標指示的前英國領事館仍然屹立在它曾經輝煌的地段上，看起來宛若新建的。在最主要的購物街道的建築或許都可以追溯到通商口岸時期，可是卻都沒有被完整地保存下來。島嶼的東

其中一塊守護滙豐銀行人員住宅的門柱。祺力高攝。

118

鼓浪嶼的前日本領事官邸，部分仍有人居住，看來是時候維修了。祺力高攝。

南角曾經是 1847 年英國領事的寓所，島嶼最北端，有一座滙豐銀行於 1876 年建造的宿舍，現在的樣子慘不忍睹，但門柱還在：石柱上寫着「WEI FOONG」和相應的漢字。旁邊是以前的救世醫院和美國領事館的舊址。儘管通商口岸時期的建築寥寥無幾，鼓浪嶼上有一點至今仍沒有變化，就是它的氛圍。這個島嶼依舊非常安靜、遠離塵囂，只要跨過幾百米的小小海峽，就能夠躲開喧鬧的都市，感受到片片寧靜。

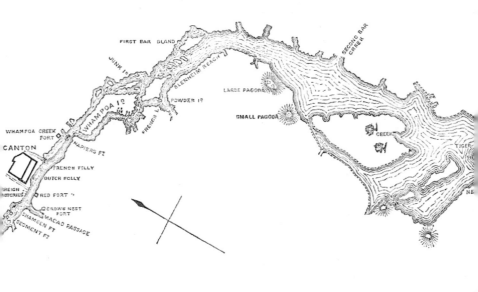

戴維斯爵士 1852 年著作《交戰時期及媾和以來的中國》中的廣州和珠江地圖。虎門的五個要塞都被標出，作為通往廣州和工廠區的路標。

廣州

在中國歷史上所有進行過海外貿易的城市中，廣州是最早的一個。的確，將廣州的故事從中國對外貿易史中分離出來是非常困難的。絕大多數外國來客從海上登陸中國時，第一個找到的大城市就是廣州。廣州也確實是一個大城市，十六世紀的時候，它就比歐洲任何城市都要大。廣州坐落在一條廣闊的珠江河口，連接着內地發達的水路，當之無愧地成為一座軍事要衝和貿易中心。考慮到歷代中國皇帝對於外國人都不那麼放心，它屬於帝國卻又遠離北京的位置，成了廣州的一個地理優勢。

早在八至九世紀的唐朝，作為商業中心的廣州就已經聲名鵲起了。我們知道最早訪問中國的海外

（左頁）一個蓋有 1888 年廣州郵戳的香港二仙郵票。

（左）由英國漫畫家查理‧華格曼（Charles Wirgman）的友儕們所繪畫的廣州東城景象，雖然畫作背景是1858年英軍佔領時期，但看起來與幾個世紀以前並無二致。瓦萊里‧加勒特藏。

（右）托馬斯‧阿羅姆如是描述廣州：「商業活動集中在這座中國古老城市中心的一條大街上。」

商人是阿拉伯人，他們就是這個時候來到中國的。他們的影響是巨大的，廣州現在仍然有眾多穆斯林，還有一座建於850年的清真寺。儘管廣州距離蜿蜒的河口還有數公里，從海邊又看不到它，但那些早期的冒險家們，仍然憑藉來來往往的水路運輸，判斷出附近的某處肯定有一個繁華的商業中心。中華帝國其他省份出產的產品都要經過廣州出口，這裡也常有來自暹羅、馬來西亞、印度支那和香料島（即印尼的毛魯卡群島）的客商。但最先對這座城市產生重大影響的是葡萄牙人，他們為後來的所有歐洲商人和探險家打開了大門。來自周邊亞洲國家的訪客們，幾乎都被中國的統治者按慣例歸類為朝貢藩屬，他們往往無意在中國建立落腳點。然而，歐洲人卻完全是另一種情況了，他們穿越了半個地球來到這裡，認為有必要建立一個基地。這個願望隨着時間變成了一種需求，也許這就是支配廣州中西文化交流發展的唯一因素。

122

葡萄牙人在陸地上建立基地的申請被拒絕了，他們改為在船上進行貿易；當一切完成後，他們便帶着購買的商品離開。1557 年後，他們只需要到澳門就可以了，仍然不能到達廣州。在貿易旺季裡，荷蘭人和英國人也被要求待在船上，交易之後即告離開。1698 年情況發生了一個轉折，法國人獲准在此租賃房屋；翌年，英國人也得到了同樣的特權。在城牆與珠江之間，政府劃撥出一小塊土地供外國人使用，但他們仍然被禁止踏足別的地方。1715 年，英國東印度公司在此建立了一處豪華住屋，滿足他們一切的生活需要。1728 年，法國東印度公司也有樣學樣，第二年甚至在貿易季節結束，所有人都必須離開時，他們留下一個人看守。雖然與北京的明文規定背道而馳，但歐洲人還是陸續在廣州定居下來。

　　大約在 1730 年，廣州成立了公行，當地中國行商最具權威的行會。行商負責將外國人居住區分為

1785 年時，由廣州西南部遠眺的洋行，底層為紅色（或西部）堡壘，估計畫作出自托馬斯·尼爾（Thomas Daniell）手筆。香港藝術博物館藏。

123

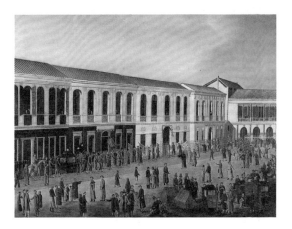

1807 年，一幅學校的油畫，看到旁邊的歐洲洋行。英國國家海事博物館藏。

十三片，並且監督建設外資商館的建築。這些建築都是上下兩層的磚木結構，寬度由十五米到四十五米不等。洋行建設在沿着距離珠江一百五十米的河堤上，蜿蜒至一條狹窄的小巷，這條小巷便是外國人小片居住地和中國領土的分界線。除了它們平實的名字，比如「美國洋行」或「法國洋行」之外，每個洋行還有一個文雅而又有代表性的中文名字，比如荷蘭洋行稱為「義和行」，而英國洋行的名字為「保和行」，意指保持平靜和諧，明顯與其寓意相悖。

隨着財富的增長，他們的住屋也得以擴大。中國與歐洲之間所有龐大和快速增長的貿易通通在這兒進行。商人賺了大量金錢，生活水平隨之提高，那兒可謂應有盡有。威廉·亨特（William Hunter）這樣描述他在 1830 年一次參觀英國東印度公司的感受：在宴會廳獲得「奢華而具皇家風範」的款待，「從規模

恢弘的宴會廳可以俯瞰台階下的江水」。唯美華麗的感覺就如同有幸探訪，甚至在波爾圖（Oporto）的英國俱樂部用餐一樣，讓人回味不已。

此時，典型的洋行建築為三層，是磚和花崗岩結構的。縱然如此，幾乎所有建築都被 1822 年的一場大火摧毀了。它們被重建得更壯觀，因為向上延伸是唯一選擇，高度達到了四層。另外，每家洋行都變成了許多獨立分開的房屋，從河邊地區向內陸延伸。洋行在描述自己地址時，就像《廣州紀錄報》報導那樣，寫成「保和行三號」之類。東印度公司的新洋行是當時最大、最宏偉的，佔地大約七千平方米。洋行的第一層是用來卸貨、分發、測試、檢查和貯藏貨物的，這往往還有一個保險庫，白銀經收賬員鑒定和稱量後保存在那裡。第一層包括接待室，用以進行業務洽談；還有辦公室，負責記錄所有的工作細節；以及宴會廳，在這兒舉辦慶功宴。至於上面的樓層則是員工宿舍。

洋行的標準外籍員工基本上都是來自「名門世家」的年輕人，他們很多是和公司高層有關聯的。內裡也有不少中國僱員，從必不可少的貨幣檢驗師、翻譯和洋行買辦，到苦力、搬運工、廚師和僕人，應有盡有。歐洲人幾乎事事都要依靠買辦來辦理，洋行買辦因此在當中佔據着舉足輕重的位置，深得洋行信任。買辦們漸漸變得非常富有，他們經常從經手的貿

易中提取佣金。長期為外國商人工作使廣州的買辦具備了得天獨厚的優勢，當西方商業在上海和其他通商口岸（甚至日本的一些口岸）興起的時候，他們選擇的買辦全都是廣東人。

　　儘管外國人一般不允許離開他們在河邊的豪華「籠子」，但是漸漸地，廣州當局開始同意他們去遠一點的地方進行運動和娛樂。水上出行也被允許了，在某些特殊日子裡，還可以去洋行對面的河南島（今海珠區）遊玩。那是一個很大的迷人花園郊區，是中國富商宅邸所在地，馬爾尼和阿默斯特在廣州停留時候都曾住在這裡。後來當局又批准外商在兩座位於遠離城市的下游島嶼上建設其他設施，這樣做是出於中國人的擔心，認為外國人甚為野蠻，未能表現出文明態度。十八世紀中期，英國和法國再一次處於交戰狀態。在廣州，只要英法兩國水手碰面，勢必打得不可

廣州周邊的河道以及島嶼網絡，沙面給標示為沙面炮台。1841 年貝爾納（Bernard）乘坐「復仇神號」到訪中國時所繪製的地圖。

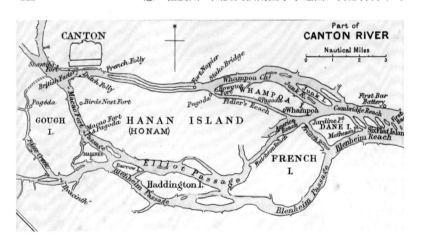

開交，尤其是在他們經過長期海上航行後。因此，1762 年，法國人被允許——如果不是被命令的話——在法國島（今天的廣州）上實施他們自己的管治；而英國人則在丹麥島（今天廣州東郊長洲島），他們也同清朝達成類似協議。

隨着十八世紀的推進，大多數歐洲國家的貿易都逐漸衰退了。但是原先非常龐大的英國貿易卻變得更加龐大，與此同時，剛獲獨立的美國，貿易量也正在迅速增長。美國人從最初洋行所在地中心地帶開始向東擴展，吞併了寶順洋行、帝國館和瑞典洋行，最後是隆順行和豐泰行。最終他們的地盤被稱為「瑞行」，這是瑞典洋行的廣東名字。不久後，美國人的貿易總額上升至第二位，在英國人之後。

1834 年東印度公司在中國的正式專利地位走到了盡頭。他們規模宏偉的建築都被騰空了，不過空置時間很短。多年來一直有很多民間商人——在 1800 年，已經有大約二十間民間洋行了——儘管這些洋行應該向頒發給他們貿易許可證的東印度公司負責。但東印度公司在廣州的專利被解除後，根本無法阻止民間商人在廣州經商。瞬間，東印度公司曾經佔據的地方，充斥着多家民間洋行，生意如常地繼續着。這棟建築的一部分甚至被重建為英國酒店（British Hotel），或者叫斯坦福馬克酒店（Stanford & Marks），想像一下那曾

倫敦聖潘克拉斯新教堂的丹尼爾·比爾紀念碑，比爾死於 1842 年 4 月 4 日，終年 83 歲。菲利普·布魯斯（Phillip Bruce）提供。

是怎樣豪華的一家酒店！

這段時間裡，在這裡經營的洋行眾多。比爾洋行（Beale & Co.）：這家洋行包攬了廣州早期的許多生意。丹尼爾·比爾於 1782 年以柯克斯理德公司（Cox & Reid & Co.）的合作夥伴身份現身，後來洋行在 1803 年改名為比爾麥尼克行（Beale & Magniac & Co.）。考瓦斯治·巴倫治洋行（Cowasjee Pallonjee & Co.）：是巴斯商人最早在廣州開設的公司之一，1794 年開始營業，業務包括絲綢、香料、鴉片和棉紗。顛地洋行：托馬斯·顛地（Thomas Dent）於 1823 年來到中國，加入達衛森行（W. S. Davidson & Co.），兩家洋行後於 1824 年合併成為顛地洋行。為廣州第二大洋行，一直是渣甸洋行的有力競爭對手。瓊記洋行（Augustine Heard & Co.）：奧古斯汀·赫德於 1809 年第一次從波士頓來到中國，1830 年成為旗昌洋行（Russell & Co.）的夥伴。1840 年他建立了自己的公司，成為旗昌洋行之後的第二大美國洋行。怡和洋行：威廉·渣甸在廣州東印度公司工作，1824 年同巴斯人付蘭傑·考瓦斯治（Framjee Cowasjee）共同投資進口鴉片。後成為麥尼克行的夥伴，詹姆士·馬地臣加入後將公司改名為怡和洋行。同孚洋行（Olyphant & Co.）：大衛·奧理芬特於 1826 年來到中國。作為一名有着強力原則的貴格會（Quaker）信徒，同學是唯一不進行鴉片貿易

的洋行之一（另一間也秉承着貴格會信條不做鴉片貿易的洋行是內森‧鄧恩洋行（Nathan Dunn & Co.）。

普金斯洋行（Perkins & Co.）：創辦人托馬斯‧普金斯1788年從波士頓來到中國，旗下洋行是廣州最大的美國公司之一。1827年同旗昌洋行合併，後來成為了佔有優勢的英國公司的有力競爭者。旗昌洋行：塞繆爾‧羅素（Samuel Russell）1818年於波士頓開始做生意，後來到廣州經營美國的茶葉貿易。威廉‧亨特是他其中一位合作夥伴，他是當時兩本關於廣州生活著作的作者。

1842年簽署的《南京條約》為外國人提供了更多的自由，包括在城中定居的權利。然而，同其他新開放的通商口岸形成鮮明對比的是，廣州對於外國人有着頗強烈的怨恨，這種情緒阻礙着條約的實施。1842年12月，當一些外商回到洋行時，爆發了騷亂，導

衙門的宏大花園，曾經是英國領事的居所，自然主義作家約翰‧湯姆生約攝於1873年。香港大學圖書館藏。

致許多建築被燒燬。外國人又無法進入這座城市，只希望能夠活着逃出去。城牆內唯一的外國人是英國領事，他在被徵用來的舊軍事衙門裡升起了國旗。時至1847年，一支從香港來的英國軍隊攻陷了沿江的所有炮台，之後又佔領了商館區，中國人的挫折感達到了頂點。最終結果是迫使中國允許外國人在廣州居住，卻不同意延長至兩年；原因是廣州人需要一些時間來適應這個決定。實際上，他們需要更長時間。廣州對條約的持續牴觸，也是導致1856年至1860年第二次中英戰爭（第二次鴉片戰爭）爆發的一個因素。

而河對岸是另一種狀況。1847年，在河南島西北角又開放了一片土地供租用，大大緩解了洋行的擁擠，這塊地方後來被稱為「河南角」。老牌洋行如顛地洋行、渣甸洋行和旗昌洋行，以及後來成立的的勤洋行（Deacons）等都把他們的茶葉和絲綢倉庫建在那裡，遠離了城市當前的危機。這些設備擴充得很快。在1856年12月15日，廣州人的排外情緒再次爆發，當憤怒的市民再次襲擊洋行後，外商很輕易退守到河南島上等待事態的發展。然而他們必須謹慎地應對，與《南京條約》的精神相反，新任廣州總督葉名琛高調懸賞殺敵三十両，後來提高到一百両，賞賜斬下英國人人頭者。這次衝突引發了持續四年的戰爭。1842年《南京條約》的簽署給雙方留下了很大陰影：英國人希望能夠

得到更多優惠，那邊廂的中國人則懊悔根本不該提供任何優惠。雙方的不信任感漸漸增加，哪怕是最輕微的煽動就能導致戰爭的發生。1856 年 10 月，戰爭的導火線，或者說是借口，來自一艘小帆船。「亞羅號」（Arrow）在香港註冊的，船東是英國人，水手都是中國人。在等待離開廣州返回香港的時候，中國軍隊忽然登上甲板，不僅逮捕了水手，還撕毀了英國國旗。中國軍隊說發現船上有一名被通緝的海盜。儘管他們

巴夏禮爵士（Sir Harry Parkes, 1828-1885）。

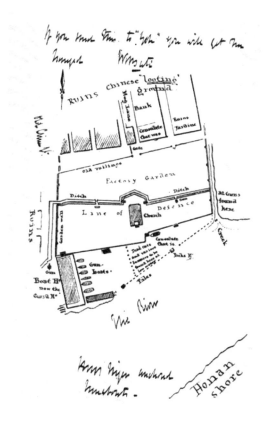

巴夏禮爵士描畫的廣州防線，他在河的邊緣處留下了註腳：「在下游發現死貓和各種奢侈品。」

事後承認應該先通過英國領事館逮捕疑犯，但仍然不會為撕毀英國國旗一事而道歉。對英國來說，這不僅僅是對於民族自尊心的傷害；對於時任英國代理領事巴夏禮來說，這是對治外法權的挑戰。

倫敦方面曾再三聲明不希望通過武力換取更好的貿易條件，香港總督寶靈接下來的行動卻使英國人發現他們再一次被捲入戰爭。寶靈命令兩艘戰艦開往廣州，在途中佔領虎門炮台，之後開始向廣州城投射炮彈，海軍隨後通過城牆的缺口攻進了總督衙門。英國人雖然控制着珠江，卻很難在陸地上有所作為。於是，他們從印度徵調來了一支遠征軍。

在野心勃勃的拿破崙三世（Napoleon III）的鼓舞下，法國人看到了實現他們野心的機會，借口一位傳教士被殺，開始與英軍並肩作戰。1857 年 12 月，英法聯軍佔領了廣州。1858 年初，英法聯軍攻陷了位於北海河口的大沽炮台，打開通往北京的門戶，中國人

地圖顯示的是長江沿岸的港口，包括在第二次鴉片戰爭之後開放的港口。

被迫同意談判。1858 年 6 月 29 日，雙方簽訂了《天津條約》，但事情並未就此完結。英法聯軍的代表 1859 年來到天津簽署條約時，卻發現中國人改變了主意，更甚者是他們還遭到中國軍隊伏擊。於是 1860 年，英法聯軍帶着更多的武裝力量捲土重來，一舉攻佔天津和北京，逼迫清朝皇帝簽署《北京條約》。條約比兩年前更開放，清朝開放另外十個新的通商口岸。除獲得戰爭賠償外，北京還允許英法兩國的外交使團在此常駐，長江的航道也對外國船隻開放了，鴉片貿易得以合法化，九龍被割讓給英國等。

　　此時的廣州已被英法聯軍控制了整整四年。五層高的鎮海樓（在舊城的城北邊上）變成了軍官的食堂。法國人使用最下面的兩層，英國人佔用樓上三層。英國士兵們在大樓前清兵閱兵廣場上打板球（估計一旁有法國觀眾），現在那裡是一座體育場。即使在戰爭正式結束之後，英法聯軍仍然待在那裡，直到

（左）1905 年的一張五層塔的明信片。威海市檔案局藏。

（右）如今所見五層塔的細部。祺力高攝。

133

廣州徹底變成一個通商口岸，這一過程經過了二十多年的時間。這裡已經沒有任何洋行了，也不再吸引人，像從前一樣蕭條，於是英國人開始尋找另外一個地方，重建他們的商業中心。他們選中了廣州上游不遠處的花地島。儘管當地人對外國人也抱有敵意，與城市近距離的地利條件成為它的最大優勢。巴夏禮選擇的地方位於商館區稍微往西一點，是一片叫做沙面的泥濘地塊。那裡有一些年久失修的小木屋、三座小炮台，還有些從城市河流滿溢而形成的小港灣。地塊經過整理之後，1861 年 9 月 3 日英共簽訂了一項協議，准許英國人可以以每年三十九萬六千銅錢的價格永久租賃這塊土地。這片地區被改造成了一個小島，四周是花崗岩建造的防波堤，一條水道將島嶼和內陸分割開來。在兩條帶有柵閘的行人橋維護下，創造了一片相對安全的地域，面積大約有十五公頃，有兩個舊商館區那麼大。修建費用均來自於戰後中國交付的賠償金。此外，中國政府也從珠江下游損壞的炮台取來碎

描繪河南角上歐式建築群和美國輪船「維拉姆特號」（Williamette）的一幅油畫（佚名中國藝術家繪，完成於約 1860 年）。馬丁·格里高里畫廊藏。

134

石塊給英國人作為建築用料。

1856 年到 1860 年的第二次鴉片戰爭是英法聯手的結果。為了酬謝法國人，英國人與他們簽署契約，把沙面島東部五分之一的土地交給他們。不過法國人對於屬於他們的那塊地開發得很晚，直到十九世紀九十年代時還是空地。在那兒，數量有限的法國貿易都是和絲綢出口有關，甚至英國出口的絲綢都是在法國加工的。相反，英國那邊發展得非常快，先是建立教堂和教區，還為英國領事館劃撥了一塊地，儘管那時英國領事還在「衙門」辦公，而他的領事館辦公室則設在河南島上。1861 年 9 月 4 日，英國人拍賣了剩餘的七十五塊地皮，年期大多為九十九年；而美國的旗昌洋行和史密斯阿舍洋行（Smith, Archer & Co.）則選擇回到原來的商館區重建洋行。

英國人 1865 年在沙面建立了領事館，之後其他國家紛紛效仿。1865 年，沙面一共有九家英國洋行、五家美國洋行和四家德國洋行。地方雖然不大，但這

裡的人生活自給自足，一副英國上流社會的氣派，內建有教堂、網球場、船庫（用以存放船隻）、花園、療養院、大宅和俱樂部。香港的蒸汽船每年送來冰塊。從 1871 年起，在市議會的管理下，這裡秩序井然；市議會由納稅人選舉而產生的五位委員組成，資金來源是稅收，負責公共建設、公共秩序；1872 年開始，島上組建了警察隊伍（法國人那處有自己的市議會和憲兵隊）。那位可敬的英國旅行家伊莎貝拉·伯德（Isabella Bird）1879 年到這裡參觀，她寫道：「一塊與世隔絕的租界，既聽不到也感受不到門外那座中國城市的喧囂。」要知道，在廣州八公里長的河灘上，當時有二十萬人居住在四萬艘小船上，還有上百萬人住在廣州市裡，與「沙面」形成強烈對比。

經過開發，廣州西郊成為了「廣東商人最喜歡的地方。這裡有優美的街道與住宅，還有絲綢總店。絲綢產業佔據着廣州出口商品的半壁江山，涉及上千家小作坊。它僱用了包括童工在內的大約一萬七千名紡織員工，另外還有五萬名製造業員工。河南島繼續被用來做倉庫，它的面積一直在擴張，直到澳門航道兩側佈滿了造船廠和造船工。同時它也是一個小型製造業中心，十九世紀中期，醃薑是主要出口商品之一。 般來講，河南島是一個可供擴張的天然腹地。中國皇家海關 1859 年在此建立了廣州總部（詳見第七

沙面的清朝海關稅務大樓妥善修葺後的一角。祺力高攝。

章），還為下級官員開設了海關俱樂部。直到現在，中國海關仍然佔據着河南角上大部分的地方。

沙面的安全性以及它漂亮的林蔭道，都使得這座新建的人工島取代河南島成為廣州外國貿易最集中的地區。1879 年，伯德如此寫道：「所有的茶葉、絲綢和其他商品的貿易往來，都在這些由石頭和磚塊建造的漂亮房子裡進行，每棟房子都帶有圍牆、裝飾欄杆或竹籬的熱帶花園……看不出任何商業氣息。」但是在房屋裡大宗的生意正在進行着。

轉移到沙面的新洋行包括德商瑞記洋行（Arnhold, Karberg & Co.）：由雅各安諾德（Jacob Arnhold）（德國人）和彼得‧卡貝爾格（Peter Karberg）（丹麥人）於 1866 年在河南角建立，為工程與機械代理機構。在二十世紀初期，他們在沙面建設了一座最引人注目的建築。的勤洋行：艾伯特‧的勤（Albert Deacon & Co.）1852 年十九歲加入赫德公司（Heard & Co.），担任茶葉檢驗員。二十三歲時建立自己的公司做起公共茶葉檢驗師與委托代理。後成為廣州最具影響力的洋行之一。治平洋行（Purnell & Paget & Co.）：創辦人為兩位建築師，亞瑟‧帕內（Arthur Purnell）（澳洲人）和查理‧伯捷（Charles Paget）（美國人），設計包括大清郵政局（位於河岸）、海關俱樂部（位於河南島），還有沙面的卡爾伯格（Karbergs）的建

築大樓與粵海關大樓。沃切兄弟洋行（Vaucher Frères & Co.）：廣州少數的法國洋行，兄弟倆來自製錶家族，在河南島從事手錶、音樂盒、橄欖油、茶葉和中國藝術品的貿易。屈臣氏洋行（A. S. Watson & Co.）：1828年作為廣州藥房於廣州開業，後搬至運河街（現在的沙面北街），巧合的是，那裡現在也有一間藥房。屈臣氏在1902年建立了一個瓶裝水工廠。

沙面的地理位置有許多優勢，離城市很近，卻又不在城區當中，易於防守。它正好位於澳門航道的對面，在炎熱的夏天也總有清涼微風。由於緊靠江岸，這裡非常便於蒸汽船停泊，在這裡可以很輕易地跳上岸邊的台階，進入租界。的勤洋行門前台階最為美觀大方，可是現已埋沒在白天鵝賓館下。截至1873年，沙面有十座領事館，銀行則欠奉。的勤洋行充當中介，負責處理來自滙豐銀行的現金和支票業務，每年大約涉及一千美元。不過這家銀行後來開設了分行，就像印度新金山中國銀行、台灣銀行（考慮日本企業家的需要），中印銀行和紐約第一國家城市銀行的做法一樣。

1856年，廣州的外國人口達到三百人。1842年新通商口岸的開放打破了廣州的壟斷地位，儘管早期的茶葉貿易壟斷還保持着。在十九世紀七十年代，相比香港和上海的發展，廣州顯得平淡無奇了。隨着更

多通商口岸的開放和建立，大型蒸汽船的螺旋槳頻頻陷入廣州珠江淤積的泥沙中，這座城市的重要性再次減弱了，加上無法控制的一貫排外情緒再一次被激發。一位觀察員 1867 年寫道，從 1861 年開始：「各國居民都和諧、平靜地住在廣州，文明和相互尊重的文化漸漸融入到當地人的行為舉止之中。」如果事實如此，1883 年一名從香港乘坐英國蒸汽船的中國乘客的死就不會引起暴亂了。所有外國人被迫撤離，十四幢建築物被掠奪一空並被放火焚燒。在英國官員指揮下到來的中國海關炮艇對局勢起到了安撫作用，但是整個地區的氣氛卻因此改變了。

約翰·湯姆生當年拍攝的一條廣州小巷，部分遺跡風貌依舊。香港大學圖書館藏。

城牆環繞的廣州城仍然禁止外國人入內。城牆完好無缺，裡面的街道狹小，由大塊的花崗岩鋪成。1891 年出版的一本導遊書引述一個旅客的評論：「這座大城市就像一個由小巷子組成的迷宮，橫七豎八地擠滿了房子和店舖……通道異常狹窄，要花去數小時才能穿過其中幾個巨大的建築。」二十世紀初一個犀

新外灘明信片，一片乾淨和整潔。

139

亞洲大酒店的行李標籤。這圖畫（Picture This）畫廊藏。

愛群大酒店的入口似乎與一百年前沒有絲毫改變。祺力高攝。

利的觀察者直言：「廣州就像一座迷宮，六百來條石頭鋪就的小街，臭氣熏天、光線暗淡、人潮湧動。街道狹窄到了四個男人無法並肩走過的地步。」沙面下游左岸的一塊地方正顯示出巨大的發展前景。

1908 年，市政府開始大規模修整河岸，搖搖欲墜的木結構碼頭和水上妓院都一併被清理了，取而代之的是花崗岩修成的外灘。一座歐式的海關在此落成，旁邊有郵局，還有輪船碼頭、兩家酒店。不過 1912 年的一場大火讓它們的命運變得非常短暫。1916 年，海關和郵局被重建，至今仍然矗立着且保存完好。始建於 1067 年的舊城牆於 1920 年至 1921 年間被拆毀，剩下的石頭用於填補那些舊洋行區周邊的小溪，也即現在的人民南路。1911 年，九廣鐵路開通，廣州至香港班次為每天開行一次，每次只需三小時的旅程，使得鐵路成為蒸汽船的巨大競爭對手，住在廣州「就像是住在香港郊區」一樣。1921 年，在城市新拓寬的馬路上有了公共汽車，現代化進程非常猛烈。1914 年，一家大型百貨先施開張，內裡甚至還配有電梯。為防止觀光客大量湧進，商場加收五分錢一位的進門費。新酒店也開張了：亞洲酒店標榜自己是「華南最好的酒店」；十五層高的愛群大酒店在當時就被視為奇跡，今天它依然還在營業。

1921 年 3 月 15 日，英屬沙面的土地持有人召開

會議，討論的議題與 1997 年香港回歸後的擔憂類似（詳見第九章）。1861 年授予的九十九年土地期限，將在 1960 年到期，外國居民開始擔心到時會發生什麼情況。英國政府也深感憂慮，因為中國其他地方的租界也存在相似問題，需要有統一的解決辦法。他們最大的憂慮在於三十九年後他們持有的土地價值。可是他們想不到的是還未到二十年就有新契約出現，屆時他們的土地一錢不值，而他們也被驅逐出境。那時的中國社會已經經歷了兩、三場革命，到底幾次取決於怎麼計算。上一章提到孫中山領導的辛亥革命於 1911 年推翻清王朝，這是第一次革命。但是，1921 年 4 月，隨着中國的區域政治化，一個旨在對抗北平的政權在廣州成立。此外，在毗鄰黃埔碼頭的長洲島上，國民黨開辦了一家軍校，著名的黃埔軍校。軍校由孫中山的信徒，一顆正在升起的新星蔣介石擔任校長。軍校是在蘇聯幫助下建立的，孫中山同意「聯俄」、

（左）約 1900 年的英國大橋。

（右）現在的英國大橋，給運河另一端的立交橋破壞了不少。祺力高攝。

「聯共」。1927年，蔣介石發起了所謂的「北伐」，連年的軍閥割據使中國變得四分五裂。

有些人把這次北伐稱為中國的「二次革命」，但也有人認為1925年的「五卅事件」（上一章將其稱為「上海事變」）才是革命時期的開始，這次運動將在上海那一章進行詳述。雖然肇始於上海，但這場運動很快波及全國，廣州和香港的反應最為強烈，罷工與抵制使城市陷於癱瘓。在廣州，一群憤怒的工人聚集在英國大橋的大門，斥責侵略者給他們的國家帶來災難。英法海軍嚴陣以待，槍聲響起，也許永遠也說不清是誰先開第一槍，但無論如何很多中國人喪生，同樣許多外國人受了傷。沙面大約有七百名外國人被包圍了整整十六個月。一支三百人的英國印度軍人從香港出發，確保雙方的對峙不會惡化。曾幾何時上流社會的社區頓變成了武裝陣地，軍閥和國民黨的軍隊在不遠處展開激烈的巷戰。外灘上寬闊的行人道成為暴亂頻發的地方，因為其他地方都太過擁擠了。最終局勢平息下來，發動運動的共產黨人趁機擴大自己的陣營。

事件預示了1949年最後一次革命的發展方向。無論是共產黨人的勝利，還是通商口岸時代的終結，都與日本人的介入有關。1938年，面對日本人的入侵，國民黨放棄了廣州，仟其自生自滅，他們甚至在河南島上縱火，並順手炸毀火車站。然而，日本人所

向披靡，國民政府根本無從制止他們轟炸並佔領廣州。這位新主人高度讚揚沙面的國際地位，大肆稱許那裡住有不少人口，還設有領事館、學校和醫院。不過，非日籍的外國人仍覺得處境岌岌可危。1939年1月，一個日本哨兵在河溪對岸朝英國警察局開了一槍。英國人對此表示強烈抗議，而日本人則輕描淡寫解釋說那個士兵是在「打鳥」。至於市政廳依舊細緻而敬業地做着工作，1941年11月30日，市政廳甚至同意由六十二名註冊土地持有人，和一百二十九名註冊居民提出的1942年租賃評估報告，這距離日本偷襲珍珠港事件僅為時一周。1941年12月，雖被包圍卻十分勇敢的沙面國際居民難逃惡運，就像之前的商

其中一座依然使沙面生色不少的漂亮建築。祺力高攝。

143

館區一樣，這片國際租界走到了盡頭。

現在那裡還有什麼？

可以這樣誇口，沙面上的歐洲殖民建築群即使不是中國最多的，也是最密集的。在最主要的三條幹道上，排列着各種美麗的房子。大部分都被精心地重修過，掛着記錄它們歷史的牌子，雖謂內容不一定準確。大部分保留下來的建築都有了新用途，所以今天我們有機會走進內部。只有一個例外是廣州俱樂部，儘管已經改名為廣州國際俱樂部，一片荒蕪重門深鎖。好多建築保留着完美的原始木樓梯和其他建築特徵。而前英國聖公會教堂那裡已經清除了以前的所有墓碑，但是那裡仍有三座紀念牌靠在教堂後面的牆上。

文化公園佔據了舊洋行的所在地，不過現在沒有任何遺跡留下，只有一條名為「十三行街」的小街暗示着那些美輪美奐的建築曾經存在過。徜徉在這條小街上，你還能遙想當年的熱鬧繁華。這裡只有一兩座與洋行風格相仿的現代建築，內裡狹窄而幽深，大量服裝在這裡包裝，坐在小桌子後面的收銀員負責清點和記錄，小工組成的搬運大軍將其裝箱，準備運往內陸。這條路的正北面是一片密密麻麻的小街和小巷組成的區域，樓房有兩、三層高，樓房之間的小路狹窄到任何交通工具都無法通行。路面仍然是幾個世

1929 年的廣州海濱，最高的南方大廈位處中間，左邊是郵局。威海市檔案局藏。

如今景象依舊，由左至右依次為海關大樓、郵局和南方大廈。祺力高攝。

廣州大教堂華麗裝飾的細部，這座建築即使在其家鄉法國或英國，看起來也是一樣完美。祺力高攝。

145

主教宅邸入口的拱心石。
祺力高攝。

1916 年建成的海關大樓，
看起來和新的一樣。祺力
高攝。

紀前的花崗岩，氛圍與洋行繁盛時期並無二致。粵海
關大樓仍然矗立在外灘最西邊，還是那麼雄偉輝煌，
旁邊還有大清郵局大樓，現已另有用途，但仍保存完
好。大量二十世紀二、三十年代的建築還矗立在人民
南路上。1863 年在葉總督衙門舊址上修建的那座華麗
的大教堂，以及 1886 年主教的房子都還在，不過後
者有倒塌危險。

　　河對岸的河南路比起喧鬧、擁擠的市區道路明顯
地安靜和悠閒了不少。從外形上可以看出，河濱地區
至少還保存有一棟曾經作為倉庫建築。在河南角的那
個地方有兩棟難得保存下來的建築，遊人今天仍然可
以進入。其中一棟曾經是茶葉倉庫，屋頂保有木椽結

太古洋行位於沙面的商
行，1911-1912 年間拍攝。
太古洋行藏。

同一座建築，後來加蓋了
一層。祺力高攝。

構；不過，現在至少有三十戶人家混居在這裡。另外
一棟是前皇家海關俱樂部，基石上的文字透露它始建
於 1908 年。河南島南華路上有很多兩三層高的騎樓
式舖居，上層向外伸延橫亙在行人道上，看來都是被
草率地加蓋在此或翻修過。商店後面的道路兩側有許
多石子鋪砌而成的巷子，和磚塊建成的金字頂樓房，
也是建於二十世紀初，而道路北邊的房屋正被拆掉。

8

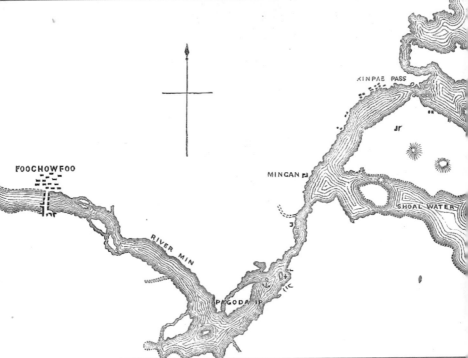

這張地圖見於在戴維斯爵士 1852 年的著作《交戰時期及媾和以來的中國》中。他乘坐的
船無法逆流而上到福州,只得在寶塔島轉乘另一艘較小的船隻。

福州

　　1842 年時，外國人對廣州之外的大城市幾乎沒有任何認識。他們試圖探訪像福州這樣的港口，均告失敗。葡萄牙人對福州有一些瞭解，他們 1553 年到達，指望能夠通商，最終卻給驅逐。1575 年，西班牙人派來貿易代表團，同樣吃了閉門羹。荷蘭人雖多次試圖在此建立落腳點，屢試皆不成功。至英國東印度公司瞭解到福州周邊的山上盛產茶葉，於是在 1700 年開始向這裡派遣船隻。1830 年，他們進一步建議開放福州為通商口岸，避免價值連城的茶葉因要運往南方口岸出口，而遭受長途陸路運輸的顛簸。兩年後，怡和洋行派出一艘船來到福州探訪。經過多年探索，福州終於被畫在地圖上，儘管世界對它的認識少之又少。

（左頁）一枚在福州蓋銷的愛德華七世（King Edward VII）頭像的香港郵票。

149

福建省省會福州是中國重要的城市，也是閩江流域的貿易中心，除了茶葉，這裡的木材也被輸送到寧波，生意呈現一片繁榮景象。像大多數中國城市一樣，福州距離海岸恰到好處，大海往往被認為是充滿危險的。福州位於閩江上游三十公里處，距離河岸也有幾公里。無論怎樣，淺淺的閩江只能允許小船通過。然而，福州仍然被選為最早一批開放的通商口岸之一，原意也許僅要求提供更多的候選口岸而已！1842 年，砵甸乍的遠征軍在通往舟山途中路過閩江江口，但沒有駐足，福州成為唯一一個沒有到訪的通商城市。雖然如此，但是他們的名聲卻早早在這裡傳開了。雖說福州這個中文名蘊含「快樂城市」的意思，英國人卻在這裡受到語言侮辱，甚至人身攻擊。福州人的確很樂意享有原本廣州特有的專利——與外國人進行交易。但是許多年後他們發現，當把外國人也牽扯進來的時候，他們需要付出很大的代價。未幾，福州得到了這樣的名聲：中國沿海最危險、最混亂的港口，甚至連很多中國人都知道福州人很難纏。

英國在廣州任命李太郭（George Lay）為首任駐福州領事，他不得不在閩江的入海口處下船，之後一路艱辛地逆流而上。那些被輕視的外國人，若想通過自身力氣和威望打動中國人，顯然是徒勞無功。無論如何，經過長途跋涉，李太郭終於在 1844 年 6 月抵

在南台特別建造的英國領事館，攝於 1910 年。牛津大學出版社藏。

達福州，但當被告知只能寄居在市郊的一間破爛棚屋時，他的處境越發艱難。為了補償初來乍到時所受到的屈辱，李太郭決定在城內烏石山上的一座寺廟內，擇地而建領事館。李是當時一位知名漢學家，看來他對於新居非常滿意，當然山上有着非常好的視野，能夠俯瞰整個城市及其周邊。放眼望去，看到的是一個方圓十公里大的小鎮，僅比廣州稍微大一點，而城中的街道則非常狹窄、地面坑窪不平，且非常髒亂。儘管一路困難重重，通往福州閩江兩岸的景色非常

寶塔島錨地。丹尼爾（Ivon A. Donnelly）描繪的水彩畫。

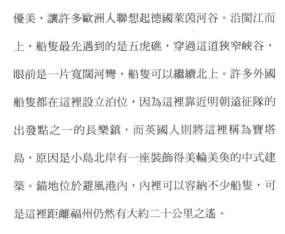

優美，讓許多歐洲人聯想起德國萊茵河谷。沿閩江而上，船隻最先遇到的是五虎礁，穿過這道狹窄峽谷，眼前是一片寬闊河彎，船隻可以繼續北上。許多外國船隻都在這裡設立泊位，因為這裡靠近明朝遠征隊的出發點之一的長樂鎮，而英國人則將這裡稱為寶塔島，原因是小島北岸有一座裝飾得美輪美奐的中式建築。錨地位於避風港內，內裡可以容納不少船隻，可是這裡距離福州仍然有大約二十公里之遙。

最初到訪新通商口岸的是植物學家羅伯特‧福瓊（Robert Fortune）。1844 年，他描述這裡銀行林立，較諸中國其他地方要普遍，紙幣遠比墨西哥銀元和銅錢流行。但結論是福州難以成為英國貿易的重要港口，原因離不開這裡群山環繞，到處是淺灘和急流；另外是在逗留期間沒有發現任何商業活動。英國領事李太郭獨具匠心地把居所建在城中的一座山上，和其他新開放的通商口岸一樣，這種做法顯然是要表明一種姿態。不過對其他人來說，這樣做法卻是愚蠢透頂的。肯定李太郭有時候也會捫心自問，思量這樣做是否明智。隨後陸續到來的其他外國人，都選擇在河流對岸的南台島居住。

城南內一座八百年的石橋橫跨在閩江上。這座被稱為「萬壽橋」的石橋是一座非常有魅力、令人讚歎的建築。閩江的河面在這裡有半公里寬，石橋巧妙

一串銅錢，雖然笨重不易攜帶，但卻曾經廣泛使用。香港上海滙豐銀行藏。

展現於羅伯特‧福瓊眼前
的萬壽橋。

地利用河中間的小島中洲作為中轉，而將大橋連成一
線的是四十個巨石橋墩，每塊石頭約十米長。這座橋
約三米寬，兩邊設有石護欄，巧妙的是橋的主體部分
只稍為比水面高出一點兒，橋中間的高度卻足以容許
小船從下穿越。河流南岸的橋頭旁是外國人房子的集
中地，1847 年，只有七位外國居民，且大部分是領事
館工作人員。但是陸陸續續地，一棟棟迷人的住宅屹
立在樹木繁茂的山坡上。時屆 1850 年，有十名外國

十九世紀末期南台山脊上
的一些歐式洋房，另一處
山坡上是一條中國村莊。
華特斯畫廊（Wattis Fine
Art）藏。

153

人住在這裡，一半是傳教士。此處頓成為中國所有通商口岸中最美麗的景點之一。然而要實現這樣安靜悠閒的局面，福州還有很艱難的一段路要走。進出福州的交通挺麻煩，受困的不僅僅是外商。最初福州與其他通商口岸之間沒有定期，甚至非定期的航船和蒸汽船。第三任英國駐福州領事傑克遜（R. B. Jackson），由於多年來一直頑疾纏身，向英廷申請回家休息。1848 年休假的申請終於給批下來了，卻發現遍尋不獲船隻離開。那時福州已經許多年沒有外國船隻到訪了，當他 1850 年歷盡艱辛重新踏足英國家鄉時，毅然選擇提前退休，從此不再返回福州。

　　1854 年，美國是繼英國之後第二個在福州設立領事館的國家，隨後的是法國，不過絕大多數國家都傾向於由商人來兼職。早期的此類洋行有：碧堅華臣洋行（Blenkin, Rawson & Co.）：火災保險代理公司，早期為鐵行輪船公司船隻提供保險服務。顛地洋行：最早參與鴉片貿易的洋行之一。他們的接駁艇「海上女巫號」（Water Witch）停泊在寶塔島，其中一艘船曾充當葡萄牙領事館。約瀚·福斯特洋行（John Forster & Co.）：一度是福州最大的洋行，1873 年的時候有七名歐洲員工。太平洋行（Gilman & Co.）：提供代理服務，主要客戶為倫敦勞合社（Lloyd's of London）。洋行的領導層同時擔任丹

麥和西班牙領事。赫奇洋行（Hedge & Co.）：業務包括委任委託代理，拍賣官和倉庫。1863 年，有四名歐籍員工。怡和洋行：在福州成為通商口岸前就經營鴉片貿易，在寶塔島的錨地有一艘接駁艇「穆罕默德號」（Mahamoodie）。首席代理人同時擔任法國副領事。庫珀曼洋行（Kupperschmid & Co.）：倉庫管理商。依照居民註銷名單看，該行經營時間不長。旗昌洋行：最大的美國商行，大班同時擔任瑞典和挪威的領事。其他早期洋行包括新泰興洋行（Craven Wilson & Co.）、沙遜洋行（David Sasson & Co.）、義記洋行（Holliday Wise & Co.）、堅尼地洋行（Smith Kennedy & Co.）和富碩洋行（Vaucher Freres Co.）。

1861 年《中國名錄》（*China Directory*）中赫奇洋行的一則廣告。

　　1850 年，英國人的一位老友出現了。在廣東禁煙運動中擔任欽差大臣的林則徐回到他距離福州很近的家鄉，憑藉個人影響力，組織領導了福州驅逐外國人的行動。1850 年年初，新皇帝（咸豐）登基給抵制活動提供了機會。林則徐等認為《南京條約》只允許外國人在五個通商城市的港口和碼頭駐紮，而在福州，通商區域卻只在閩江下游好幾公里地方。此外，他們還堅持不允許外國人在城裡居住。英國人認為林則徐和他的追隨者所言不虛，為謹慎起見，領事決定把自己的家搬到南台。不過此後很多年，英國領事館仍然在烏石山山頂辦公。在隨後的半個世紀，福州一

洋行害莫甚賣之貴聞
福州美行洋行逼近圍生意不
恨少在夏茶運售洋藥為利
獲重之英顧賣為洲之利
行門払以其此洲之潛
關門利其伊堪碍萬因之痛
抑立又嘆止掉持過同官
百是又頻立等英頓費素沙
紳官內美頭賣義從
救士向美顧賣蓋
里公益當印
需公益當印
云如傳書

十九世紀《點石齋畫報》
的插圖，描述一名美國商
人在福州販賣鴉片的新
聞。

早年倫敦茶葉公司的海
報，很多現存公司的經營
歷史可追溯至中國貿易時
期。香港海事博物館藏。

直存在着明顯的排外情緒。

福州是五個新通商口岸中最不起眼的一個。僅
僅駐足十年，英國人開始重新考慮它的未來定位。問
題在於貿易船隻沒法靠近福州市，再者除卻鴉片，幾
乎沒有任何市場能為歐洲商品提供出路；而當地的排
外情緒可謂一刻也沒歇息過，多次引發嚴重暴亂；福
州唯一的出口商品茶葉，仍然要翻山越嶺取道廣州或
上海始能出口。英國人得出結論，與其選擇福州，不
如通過談判來更換另外一個更具潛力的港口。隨着對
中國的瞭解逐漸增加，英國人似乎早已經明白一開始
就不該選福州為通商口岸。但是同中國朝廷半官方的
討論沒有任何結果，英國人開始考慮是否徹底放棄福

州。不過，英國人很快又改變了他們的想法。

　　1853 年，一家美國洋行率先採取積極措施推進在福州的貿易。通過開闢內陸航線，直接將茶葉從此出口而獲利，茶葉被運往紐約而且很有市場。發現這個方法可行後，商人紛紛仿效；福州作為一個茶葉出口港，很快揚名世界。這個時期出現的茶葉貿易洋行有：亞當森洋行（Adamson & Co.）、巴厘洋行（Birley & Co.）、裕記洋行（Issac M Bull & Co., 即後來的同珍洋行——Bull Purdon & Co.）、海寧洋行（Fussell & Co.）、仁記洋行（Gibb Livinston & Co.）、瓊記洋行（Augustine Heard & Co.）、廣隆洋行（Lindsay & Co.）、紐曼洋行（Newman & Co.）、同孚洋行（Olyphant & Co.）和華記洋行（Turner & Co.）。還有天祥洋行（Dodwell & Co.），後來躍居福州最大的茶葉出口公司。期間德國禪臣洋行（Siemssen & Co.）也宣告成立，創始人希姆森（Siemssen）是德國漢薩同盟城市的領事，也兼任瑞典副領事。作為一名攝影愛好者和福州俱樂部的主席，於 1894 年發起組建福州攝影俱樂部。

　　1853 年從事茶葉貿易的商船只有三艘。第二年達到了五十五艘船，1856 年有一百三十二艘。從 1862 年到 1866 年，每年海上運輸的茶葉達到了兩萬五千噸，三分之二運往英國，其餘的運往澳洲和美

緊結茶是英國流行的一款茶。做法是先弄濕茶葉，再放入帆布袋，接着是用腳轉動。完成後，茶葉變得緊結，儼如打了結般。

1866年，「太平號」（Taeping）和「愛瑞爾號」（Ariel）在海上並駕齊驅，在競逐茶葉貿易上互不相讓。

國。福州的市場一度威脅上海茶葉的地位。每年將茶葉及時銷往主要市場倫敦變得越發重要，這樣才能評估質量，剩餘的庫存也才能夠及時調整。1850年，美國貨輪「東方號」（Oriental）從中國出發，僅僅九十一天後就到達倫敦西印度碼頭，這讓英國人大感意外。英國剛剛廢止了諸多限制的航海法案，允許外國同業競爭，但這似乎做過頭了。英國人決定以美國人為榜樣，開始設計比東印度人系列更快、更靈活的船隻，藉以抗衡巴爾的摩和紐約製造的船隻。新貨船排水量更大，承載能力頗大，並且航行的區域驚人地大。這是一個快船以運茶的時代，競爭由此拉開序幕。1866年，十六艘運茶快船在同一時間駛離福州，開始了經由非洲南端通向倫敦的兩萬四千公里的航程。九十九天後，其中兩艘「愛瑞爾號」和「太平號」前後相差二十分鐘抵達倫敦。第三艘貨船在一小時後也抵達了，第四艘亦於第二天靠岸。競爭中先行到達的船隻獲得豐厚獎金，促使船隻鋌而走險。結果，這兩艘偉大的快船沒過幾年便相告退役。

十九世紀六十年代中期，有五十名外商住在南台，三分之二是英國人，其餘是美國人和德國人。商業活動被局限在中洲島，那裡有洋行和貨倉，1861年起清朝設立了皇家海關。南台有一、兩家綜合商店，但是大多數居民會派人去香港採購。南台的房子分佈

閩江一瞥，遠處是中洲島和福州，1907 年從福州俱樂部向外拍攝。太古集團藏。

得很散，居民們自發成立一個自願認捐制度，出資維持道路暢通。在最早開放的幾個通商口岸中，福州與眾不同，既沒有正式租界，居住區域也欠奉。多年來福州也沒有俱樂部，只有個別的桌球廳、五個網球場、一間閱覽室和一間保齡球館。直到 1877 年，俱樂部始成立。外商向地方政府租借土地，建起遊樂場和板球場。1882 年，還修建了一處跑馬場，不過每年只有幾天賽事。當時還有一種流行的消遣方式，就是在風景如畫的河流中划船；在東邊的山裡，還有溫泉。

1866 年，雙周刊《福州廣告報》（Foochow Advertiser）誕生，每逢週三和週六發行，出版人是羅扎奧洋行（Rozario & Co.）。報社有八名員工，同時經營印刷和圖書裝訂，傳教士借此印刷了大量宗教小冊子。1873 年冰塊和汽水開始在本地生產，這對於炎熱的夏季是一個福音。另外，一支由英國人和中國人組成的警隊，負責在歐洲人居住的南台巡邏，

羅扎奧洋行出版的書籍樣本。

多年來，香港上海滙豐銀行福州分行均在當地發行鈔票。香港上海滙豐銀行藏。

為首的警官是英國人，手下有兩名英國警員和五名中國巡警。及至 1879 年，丹尼（Dunnil）和布洛克（Brockett）在此開辦裁縫店和運動用品店，同時經營福州飯店，給當地外商的舒適生活提供了保障。1882年，金寶（H. Campbell）亦為這個小社區開辦了首家美髮店。這裡還有藥房、麵包店和商業中心不可或缺的公眾會計師威克斯（C. D. Weeks）。最初的外國銀行之一印度商業銀行，1863 年率先在此設立代理處。1842 年成立於孟買的麗如銀行，1886 年成為第一家在福州開設辦事處的銀行，第二年滙豐銀行也開設了分行。這裡很快就有七家外國銀行。1877 年，貿易總商會宣告成立，由怡和洋行的負責人擔任主席。

與此同時，1866 年在海軍上尉日意格（Prosper Giguel）和德克碑（Paul d'Aiguebelle）帶領下，一隊法國工程師來到福州，在閩江的馬尾港創辦船政局、兵工廠和水師學堂。兩個人從來也沒有從事過造船業，

奇怪的是他們卻與中國政府簽訂合同，負責教授五千名中國工人造船技術。著名的福州造船廠終於正式開張，無奈的是一開始就受到來自朝廷保守勢力的重重阻撓。無怪船廠本身所生產的炮艇造價不單高昂且質量奇劣。一切都是法國總監錯誤計算運行規模，導致預算異常緊張。福州造船廠和上海江南製造總局一樣，均是一項學習西方技術的試驗，也是一次洋務運動的實踐。英美商人的僱傭兵查爾斯‧戈登（Charles Gordon）和弗雷德里克‧華爾（Frederick Townsend Ward），在上海鎮壓太平軍時所採用的現代武器，給洋務運動主導人李鴻章留下極為深刻的印象。他和林

李鴻章（1823-1901 年）。

則徐的女婿、負責福州造船廠的沈葆楨均深信，如果不淘汰舊式戰船轉而製造西式戰艦，《南京條約》之後發生的慘劇還將再次上演。李鴻章為了促使江南製造局支付製造費，生產軍艦的同時建造商船，部分更收歸招商局（詳見第十一章）中。福州水師學堂培訓了一批軍官，其中最著名的是學者兼改革家嚴復。嚴復畢業負笈英國留學，其後翻譯了赫胥黎（Huxley）、斯賓塞（Charles Doyere）、孟德斯鳩（Montesquieu）等名人的著作，將西方思想介紹給中國人。

三十年後，查理・杜業爾（Charles Doyère）率領十八名法國工程師來到福州，負責改組水師兵工廠，使之更現代化；在接下來的七年，他為中國海軍監督，製造了七艘驅逐艦。這項工作是通過法國駐上海領事、詩人、戲劇作家保爾・克洛岱爾（Paul Claudel）和中國磋商下的安排。克洛岱爾在中國擔任過不同職位，但始終代表着法國商業界的利益：他盡職盡責地向法國外交部滙報法英茶葉與絲綢貿易競爭的最新情報，並對法國要從渣甸洋行進口絲綢而感到不滿。克洛岱爾在中國待了十三年，其中五年是在福州出任法國副領事。他出版了《福州橄欖貿易》（*The Olive Business in Foochow*），也寫了《知識東方》（*Connaissance de l'Est*）這樣的書，使他成為法國文學史上以描寫異國風情而著稱的領軍作家。他雖然一度

打算出家為僧，但卻曾與勤奮的商人弗朗西斯·溫池（Francis Vetch）的妻子鬧過一段熾烈的婚外情，事緣溫池兩夫婦與克洛岱爾三人曾經同住在法國領事館中。另一方面，在克洛岱爾協助下，溫池嘗試參與苦力貿易，專為法屬殖民地馬達加斯加和留尼旺招募契約勞工。不過，這項嘗試並沒有取得成果，因為那些僥倖沒有生病或客死異鄉的中國苦力紛紛堅持回國。

在法國人指導下建成的福州造船廠，最終還是摧毀在法國人手上。1884 年 8 月，中國與安南間發生了戰爭。直到法國人到來前，安南一直是中國的朝貢國。專責維護法國的利益，法國海軍司令率軍長驅攻入福州港，並下令炮轟。短短一個小時內，中國軍艦都被擊毀或沉沒，福州造船廠大部分設施毀於一旦。印度支那屬於法國人了，隨後英國人如法炮製，出兵控制了中國另外一個朝貢國緬甸。而在商業領域上，作為通商口岸的福州漸漸穩定下來，有序和繁榮，與最初開埠頭十年不大一樣。除鴉片外，中國商人掌控着大量進口貿易，依然是總量的最大部分。一度帶動口岸貿易繁榮發展的茶葉出口卻沒有持續下去。1880 年，福州的貨物出口量達到四萬三千噸；1886 年達到了最高的四萬五千多噸，逾半貨物輸往英國。同年，在每七艘離開福州的船隻中就有一艘是帆船。

十九世紀八十年代中期，首次出現了對福州出

1884 年，一名中國插畫師在《點石齋畫報》上，描畫法國分遣艦隊在馬尾港上飄揚三色旗幟。

口茶葉質量的擔心。1885年，倫敦海關一度禁止從福州進口茶葉，原因是有人將舊茶葉摻入新茶葉中去。另外，貨船中的茶葉，竟有四分之一是茶葉粉末（現在可以用來做茶包），這是歐洲出口商最感頭痛的問題，但他們卻無能為力。隨着對印度和錫蘭口味茶葉的偏重及依賴，福州茶葉的質量備受質疑。到1887年，在英國人消費的茶葉中，產自印度等次大陸地區的茶葉超過了中國。茶葉出口貿易開始衰退，外商的信心也遭到了打擊。外商曾經要求中國的茶葉種植者和中間人改善茶葉的質量監督制度，但收效甚微。有人甚至給他們指示，如果不提高質量，茶葉出口這項關乎港口命運，乃至整個福建經濟命脈的生意將不復存在。但是漠然、疏忽、欺騙以及頑固等守舊思想，最終還是導致茶葉貿易的持續萎縮。在英國領事看來，茶葉生產者主要關心的是如何降低成本。其實高達40%的國內稅款，同樣打擊人們創新的積極性。1890年，墨爾本海關宣佈，一批來自福州的茶葉不適宜人類飲用，貨船隨後被遣回。儘管為了提高茶葉質量人們盡了最後努力，但曾經被視為命脈的茶葉貿易，幾乎在1900年完結。

磚茶。

　　俄羅斯人用切碎的茶葉和茶葉粉末壓縮製成磚茶出口，這在運送茶葉方面，為幅員遼闊的俄羅斯提供了很大的便利。他們的茶磚買賣一度規模很大，

1877 年，首先在漢口開展；時屆 1886 年，三家俄羅斯洋行在福州設立了磚茶工廠。可笑的是即使在福州，人們更喜歡漢口的磚茶而不是當地出產的。1908年，俄羅斯洋行在福州的工廠也關閉了。當外國洋行的出口遭受打擊的同時，他們的鴉片貿易生意同受影響。1876 年簽訂的《煙台條約》便是對控制鴉片貿易的一項嘗試，策略是將之統歸中國官方麾下。1877 年起，鴉片貿易的稅務直接由海關收取，意味着作為應稅貨物的進口貨品，需要首先在保稅倉庫中存放。原本在福州從事鴉片貿易的中國小商販是沒有能力購置貯藏設施的，現在好了，由政府提供，於是他們不再需要通過外國人了，而可以開始自行進口鴉片。對這項貿易主導了多年的外商洋行發現他們根本無法與政府競爭，最先打包離場的是沙遜洋行。儘管和記洋行憑藉自己巨大的市場佔有率還是撐了一段時間，到了

（左）由衛理公會傳教士於 1915 年建造的花巷基督教堂。

（右）英國於 1860 年興建的聖約翰教堂。

LIST OF RESIDENTS AT FUHCHAU.

BRITISH CONSULATE.
W. H. Medhurst *Consul.*
W. Gregory. *1st Asst.*
G. C. Braune, *3rd Asst.*
G. Phillips, *Acting Vice Asst.*
G. Carroll, *N.Y. Klerk.*

UNITED STATES CONSULATE.
Thos. Dunn *Acting Consul.*

JARDINE MATHESON & Co.
T. L. Larken.
H. W. Jauncey, *Master of Mahamoodie.*
T. S. Odell.
T. McDougal *2d Mate.*

DENT & Co. *W. Luci.*
W. T. Rehden.
H. J. Dring *Master of Waterwitch.*
T. H. Chapman.
J. S. Baptista *Portuguese Vice-Consul.*

RUSSELL & Co.
W. S. Sloan *Consul for Sweden, & Norway.*
W. C. Massett.
B. Pereira.

ISAAC M. BULL & Co.
T. Pye.
E. H. Styan.

AGUSTINE HEARD & Co.
G. F. Weller.
H. Vaughan.
B. R. Woodworth.
E. C. Smith.

TURNER & Co.
E. C. Smith.

OLYPHANT & Co.
A. B. Neilson.
J Odell.

C. da Silva.

GILMAN & Co. *(Agents for Lloyds.*
W. H. Green *(Danish Consul.)*
A. W. G. Rusden *(Vice-Consul for Spain.)*
Wm. Lemann.
D. Jorge.

LINDSAY & Co.
A. Stuart *(Hamburg Vice-Consul)*

GIBB, LIVINGSTON & Co.
F. Porter.
J. Innes.

BIRLEY & Co.
A. Smith *Chairman of Pilot Board.*
T. Smith.

SMITH KENNEDY & Co.

BLENKIN RAWSON & Co. P.&O.S.
N. Co's Agents.
R. S. R. Fussell.

VAUCHER FRERES.
A. Borel.

JOHN FORSTER.
John Fortser.
J. Milisch.

HOLLIDAY, WISE & Co.
T. H. Ashton.

DAVID SASSOON, SONS & Co.
R. Solomon.
E. Solomon.

CRAVEN WILSON.
W. Wilson.

HEDGE & Co, *(Storekeepers.)*
E. G. Hedge.
T. G. Jones.

KUPFERSCHMID & Co. *(Storekeepers.)*
A. Shearer.

1859年所有居住在福州的外國人名單，資料來源自《香港指南》（*Hong Kong Directory*）。

1900年，鴉片作為一種歐洲的外貿商品已經徹底停止出口了。

1888年，福州的英國人數量達到了巔峰，有一百九十一人。傳教士一直是人口中的大部分，現在更變成絕大多數。同時，周邊的三個度假勝地變得火熱起來。連多馬醫生（Thomas Rennie）在古嶺修建了一棟度假別墅，從城市向東坐四個小時轎子就到。許多人紛紛仿效，尤其是傳教士，很快就形成了一個繁榮的避暑度假村。閩江河口有一座山峰，海底電纜通過那裡接到陸地上。那裡也被開發成為一片著名的沙灘和沐浴勝地，來自英國的貝格利夫人（Begley）經營

往返南台的汽艇生意。寶塔島亦成了外國人躲避城市酷暑和疾病的第三處避暑勝地。

十九世紀九十年代，日本人的出現為福州帶來巨大影響。初期日本郵船株式會社在這裡開辦連接廈門、菲律賓和日本的輪船服務。1895年甲午戰爭，日本戰勝後，許多日本人都來到福州居住，享受從《馬關條約》中獲取的特權。1904年，他們不僅僅在南台建立了領事館，還組建了巡警隊。不久，所有日本大型企業都在這裡建立了辦事處。十九世紀九十年代末，日本人又創建了一條嶄新而便捷的航海線路，連接福州和上海、香港以及當時被日本佔領的台灣。二十世紀初，福州的經濟看上去非常蕭條，日本人卻對未來充滿信心。唯一的出口貿易（茶葉）正在作最後的掙扎圖存。鴉片進口仍然很興旺，稅項收入卻直接流向

舢舨雲集萬壽橋下，攝於1907年。太古集團藏。

北京。對日本的戰爭賠款，給福建省增加了負擔，迫切需要提高收入。稅務機關對此無計可施，之後又出現了庚子賠款。貧窮的福建省也被告知在今後四十年，每年都要上繳八十萬兩白銀。這些恥辱很明顯地將一切過錯都指向了朝廷，於是，傳統的排外情緒再一次增長起來。除了這些，當地人口數量一直在增長，需要更好的基礎設施。道路不通、交通工具不足、水上運輸也寸步難行。最後一個問題首先得到處理：河流的泥沙給清理，蒸汽船可直接從這裡抵達南台島碼頭，馬路的建設則需時較長。1919 年，一次猛烈的洪水損毀了古老的長橋，後經過重建，恢復了過去的壯觀，但兩端台階被拆除了。正當汽車在中國其他城市不斷增長時，福州人終於可以乘坐人力車而非轎子過河了。迨至 1928 年，福州才出現第一條柏油馬路，從橋的北端穿越到城門，不管如何至少已經開始城市改造了，馬路兩旁種了樹木，還安置了路燈。1933 年開始，福建鋪設了數千公里道路，福州和南台之間又架設了一座新橋。三十年代末，福州舊城牆已被推倒，換來的是寬闊馬路，那些馬路至今還標記着數百年來舊城的邊界。

在二十世紀三十年代，福州面臨着兩種截然不同趨勢。一方面，這個地方已經搖身一變為人城市，儘管現代化進程還很緩慢。城市人口數量達到

1930 年代的英美煙草公司煙包，2001 年北京出版的《上海老煙標圖錄》。

了近五十萬，在中國這麼多人口的地方，總是能帶來商機。在福州，眾多來自西方和日本的跨國公司當然不會放過開辦分公司的機會，例如：美亞保險公司（American-Asiatic Underwriters）、亞洲石油（Asiatic Petroleum）、英美煙草公司（British-American Tobacco）、帝國化學工業、三井物產株式會社、大阪商船株式會社、美孚行（Standard Oil）和德士古石油（Texaco）。可是，與此同時出現的政治衝突，肯定將原來已發展緩慢的增長再度叫停，內戰波及福州。1931 年，即將攻下福州的共軍又被擊退回江西邊境，下一個威脅來自日本人。

現在那裡還有什麼？

儘管許多遺址不存在，當年的商館區還是有很多值得遊覽的。首先，李太郭用來做領事館和居所的寺廟，依舊運作良好，且被維修得非常好。它位於老城的西南角，城市西半邊的形狀還可以從現有地圖上清晰分辨出來。附近也許就是舊城牆留下的最後一部分，烏塔與白塔體現着福州的舊日景象。可以從地下一層進入烏塔，白塔因位於一個廟宇群中，到訪時候正在裝修，緣慳一面。在河岸上，中洲島對面有兩棟建築，看起來以前不是倉庫就是俄羅斯的茶磚工廠遺址。更遠處是一座巨大的紅磚樓，就在第十三中學旁邊，那裡被木板封上

福州烏塔給良好地保存下來，儘管周邊早已荒廢。祺力高攝。

白馬橋。祺力高攝。

等待着賦予它新用途的決定。萬壽橋已蕩然無存,仍隱約可見一些痕跡:就在舊橋原來的位置上,一座新橋橫跨河面,下面還可以看到舊橋遺留的橋墩和以前用來鋪橋的大石塊,如今都被胡亂地扔在河裡。或許可以借參觀白馬橋來想像萬壽橋當年的美麗樣子,白馬橋是一座同萬壽橋類似的建築,儘管在規模上小很多,橋的一側還保留着石護欄。

在世紀交替的時候,中洲島上的一切歷史遺跡

前福州俱樂部外掛滿剛洗淨的衣服。祺力高攝。

如今南台山上的新舊建築
擠作一團。祺力高攝。

都給抹去，代之而起是一座設計怪異且具迪士尼風格
的酒店綜合大樓，不過現在已經破舊不堪、不再營業
了。在南台島上，還可以發現很多歷史瑰寶。越過石
橋再向西走，就能看到通向山腰的幾段舊石階，每段
都不超過五十米長，但在石階兩邊造型簡約的建築卻
是重要的歷史文物。在小山的山脊上，分佈着一棟棟
氣勢宏偉的歐式建築，可惜的是許多建築狀況惡劣。
與中國其他歷史古城不同的是，這裡沒有用牌子標明
它們的歷史。不過，它們中仍然有一些可以被分辨出
來。在一座學校的操場上有一座巨大的紅磚教堂，歷
史可以追溯到 1905 年，美國衛理公會教派傳教士愛
瑪·寧萊茜（Emma Nind-Lacy）夫人曾在這裡工作；
如今這座教堂仍然在使用，而且依然保存得像新的一
樣。學校大門旁是一座遠比紅磚教堂小許多的聖約翰
教堂（可參看一六五頁右圖），現在被當做倉庫存放

福州海關俱樂部。祺力高攝。

舊滙豐銀行大樓傲視現代化發展的威脅。祺力高攝。

裝修材料，整個建築的結構和屋頂都顯得非常殘破。前法國領事館現在是多個家庭的居所，換言之可以進入，就如在山頂最高處的前福州俱樂部一樣。巨大的前海關員工宿舍已經成為了某機構的一部分，因此無從進入。前美國領事館的屋頂遙遙在望，恰好位於正在建設的一大片大建築中，所以也無法入內。翻過小山，西面是前美國領事館的附屬建築，東面是郵局，附近是前海關俱樂部。那是座高大的紅磚建築，通過裝飾性的中式屋頂可以看出它曾經散發的皇家氣派。東邊是一片大型建築工地，那裡正在建造很高的住宅塔樓。在複雜區域中，1867 年滙豐銀行的老建築還屹

172

立其中，相信也是被用作民居設施吧！

　　六一南路那邊是一大片土地，一年前左右還有許多低層建築和小街。東邊是一座看起來像歐式住宅的大樓，儘管無法證實，1867年的一幅地圖顯示這裡可能曾屬於旗昌洋行或禪臣洋行。再往東走就是聖多明大教堂，現在叫做泛船浦天主堂，是1932年在一座1864年落成的天主教教堂的位置上重建的。旁邊是一座很漂亮的神學院，同樣建於1864年。2008年，為了讓位給一條新的柏油路，教堂被安置在特殊構建的軌道上，給平移了數百米，自始變得出名。可幸的是，教堂在移動過程中並沒有遭到損毀。

泛船浦天主堂。祺力高攝。

9

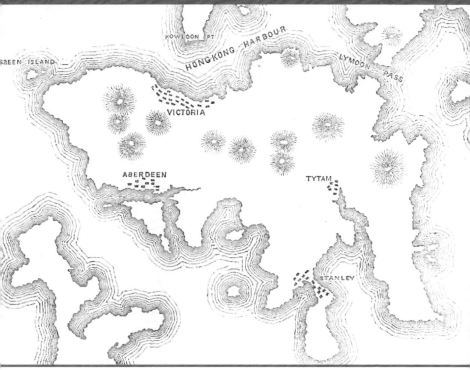

戴維斯爵士從香港啟程的時候，可見島上有四處聚居點。地圖來自戴維斯 1852 年的著作
《交戰時期及媾和以來的中國》。

香港

　　諷刺的是，對比最初那些通商口岸，開始時對香港的期望甚低，甚至連是否適合作為殖民地也遭到質疑。最初預計是將這個島作為軍事基地、小型貯存倉庫和商人的輪船中轉站。為何這一切都改變了？

　　香港在十八世紀就引起了歐洲水手的注意，當時他們並不知悉香港是一個島。那時港島南岸的瀑布，今天的華富附近，多年來一直吸引着那些好奇的船隻，阿默斯特團隊記錄他們曾經早在 1816 年在香港停泊靠岸。隨着在廣州的貿易越來越難做，香港海港的吸引力逐漸增加。1829 年，東印度公司對這個地方的優劣認真地做了一次調查，那年港灣裡至少有六艘船隻。律勞卑早在 1834 就建議英國佔據香港，及

（左頁）1941 年發行的 25 仙的郵票，紀念香港成為英屬殖民地一百周年。

約 1931-1932 年「東印度人號」離開香港水域時，由威廉·約翰·哈金斯（William John Huggins）於 1836 年繪畫的油畫。英國國家海事博物館藏。

在 1837 年，原來在伶仃島停靠的二十五艘接駁艇中有十九艘，已改為停泊在尖沙咀。

1841 年，義律通過談判解決同中國的敵對關係時，他選擇了佔領香港，從此小島頓變知名。當時，香港離中國朝廷非常遙遠，只有居民七千五百人，散落在一些小村，主要從事捕魚、耕種和海盜這類簡單的作業。北岸是貧瘠而陡峭的，懸崖下面是海。在今天的西區附近有一個小碼頭，供來往九龍的舢舨停靠，這裡的行人道也連接着小島的其他地方。這些路徑至今還在，如現在的皇后大道、英皇道和薄扶林道。英國人對於新城維多利亞的選址考慮了很多選項，最終以擁有最佳停泊地點的地方為首選。至於建築用地並不重要，因為英國人沒有寄望興建很多樓房。

早在新殖民地合法佔領前，英國就在 1841 年 1 月 26 日實際上佔有香港了。意識到商人們在廣州交付稅款遇到巨大的難題後，義律宣佈香港為無稅自由

皇后大道西的彩色照片，
這條路數個世紀以來一直
濫用，約攝於 1900 年。
高添強提供。

港。一些歐洲商人立刻開始規劃用地——渣甸已經在
今天的金鐘道上建立倉庫——義律宣於宣佈政府將舉
行正式的土地拍賣。同時他委任了首名裁判官威廉·
堅（William Caine）船長和一名海事裁判司、「復仇神
號」的海軍上尉威廉·畢打（William Pedder）。

　　1842 年初，作為新殖民地信心的標記，貿易監
督總部從澳門遷到香港來。然而，那年稍後時候，倫
敦政府的一些改變急挫了這項信心。剛上任的新外交
大臣鴨巴甸勳爵（Lord Aberdeen），命令剛於 1841 年 8
月接替義律職務的砵甸乍爵士，除了軍事目的外，不
許建造其他建築。英國不願意為開發新殖民地而負上
責任。但是在砵甸乍到來的兩個月前，第一次土地買
賣經已完成。之前一直沒有期望人們會對這塊地抱有
太大興趣。結果，五十一塊地中除了一塊外，其他的
都被購買了或者被政府徵用。接着開始出現了中國流
氓偽造優先擁有權聲明和投機案件，有些人甚至通過

倒賣土地來賺快錢。義律宣佈中標人士將獲得土地永久擁有權,初年,只須按年向政府付一定金額租金;同時承諾在最初六個月內,投資一千英鎊在所屬土地上,這可說是一筆鉅款,為年租十到十五倍不等。即使土地所有權的期限不明確,一棟棟大樓還是飛快地興建了起來。後來卻遭倫敦否決土地永久擁有權(目前香港唯一擁有永久權的建築是聖約翰大教堂),且反過來限定每個商人最長租期只有七十五年。無怪乎引起一場巨大的公開抗議,就如 1845 年規定商人要繳一定稅款用作警隊開支一樣。於是,租賃期限在 1847 年重新延長至九百九十九年。與此同時,在香港劃出了一塊板球場地,同時第一代香港會所亦建成。1846 年俗稱「旗杆屋」的三軍司令官邸相繼落成。

這個時候,被委任為總督的砵甸乍意氣風發地宣佈,六個月內香港將成為「巨大的商業與財富中心」,實際上商業寸步難行。原因是大多數商人的基

建於 1864 年的中央警署建築(局部),正等待未知的命運。祺力高攝。

三軍司令官邸於 1846 年建成,現在是香港最古老而得以原址保留的歐式建築。祺力高攝。

地還設在他們熟悉的廣州，廣州的種種缺點現在已被認為是常態了。另一原因是香港本身不是一個貿易中心，尤其是五個通商口岸已經開放，商人大可直接將船駛往各個口岸，除了要獲取新聞資訊和物資補給外，根本再沒有必要經過香港。倫敦《泰晤士報》（Times）上刊登了香港沒有成為商業基地的潛力等消極新聞，殖民地庫務司馬廷（R. M. Martin）甚至辭職以示抗議。按最早的數據顯示，1844年有五百三十八艘船到訪香港，這是事態開始發展的標誌。

如果說歐洲人行動遲緩，中國人顯然不是這樣。在英國佔領這個島的第一年，島上人口翻了一倍。儘管清廷阻止中國人到香港，當中有些是為了逃避在戰火中協助外國人而遭受嚴厲懲罰。義律的聲明安撫了這些人，他表示在香港的中國人都將繼續受到中國法律的約束和制裁，惟僅限於「除了嚴刑拷問外的懲罰」。事實上，大多數是因為香港處處充滿賺錢商機而來的，1843年的《虎門附約》准許中國人來港進行貿易。當時正瀰漫着一股自由主義氣息，兼且英國政府不願強加任何限制，故大為鼓勵中國人來港，無論進行貿易與否。這主張一直堅守，即使早已人滿為患。很快，英國人意識到香港的戰略重要性，能夠成為其他通商口岸的支援中心。此外，香港是英國直轄殖民地，受英國法律管轄，且受到英國武裝力量的

保護。基於這個原因，它最初發展得比上海還要快。而浸淫在東印度公司傳統的尊貴商人們，發現按照他們的日常生活習慣在香港生活是件很容易的事。從一開始，英國政府就將它的新殖民地作為一個經濟中心來管轄，不到非不得已絕不輕言干涉，這種放任的管治模式輾轉發展為「積極不干預政策」。外國人同中國人井水不犯河水，香港漸漸繁榮興旺起來。這個小小的政府通過落實清晰規則，為人們提供穩定、安全又可預見性的生活。不斷到來的中國人，初嘗在政府不干預情況下參與商業活動。

　　早期一位來香港的訪客羅伯特·福瓊記錄着，他於 1843 年到 1845 年間訪港行程中發現，新房子和新

香港「海盜街」，愛德華·希爾德布蘭特（Edward Hildebrandt, 1818-1869）繪。華特斯畫廊藏。

街道不可思議地拔地而起。他也寫道：「我們在這個島嶼上的居留地的供給，完全依附於國王陛下的統治，他當然可以隨時任其喜好切斷這條供應線。」一矢中的，這的確是香港接下來一百五十年的顧慮，縱使皇朝歷經更迭。鑑於這些顧慮，商人給推舉出來開辦一些商店來確保這個殖民地的未來。

早年的商人都是來自廣州，在土地首次出售時就購買了土地，他們是：顛地洋行。1841 年買下現在置地廣場。在倫敦一間主要銀行倒閉後，該洋行於 1867 年踏入衰落。紀里布‧哈金斯洋行（Gribble, Hughes & Co.）。創辦人是 1844 年的首任駐廈門英國領事紀里布。怡和洋行（之前名為渣甸洋行）。當時最有影響力的洋行，香港許多地方也以它和旗下大班的名字命名，不可磨滅地記錄在香港地理上：渣甸街、觀龍角、渣甸坊、渣甸山；晏頓街、寶其利街、伊榮街、灣仔莊士敦道、敬誠街、蘭杜街、勿地臣街、百德新街、波斯富街和怡和街。廣隆洋行（Lindsay & Co.）。建成香港第一座雄偉的商業大樓，皇后大道四十六號的阿爾巴尼貨倉。麥克威克洋行（MacVicar & Co.）。約翰‧麥克威克（John Macvicar）向中國出口英國的棉花製品，並同怡和洋行一起建立了多家合資企業。拉斯托姆治洋行（Rustomjee & Co.）。來自孟買的最大巴斯鴉片商，有十五名合夥人，多為家族成員。華記洋

行。理查・丹拿（Richard Turner）1826年起便居住在中國，開始鴉片及其他商品的貿易。同樣值得一提的是鴨都喇利洋行（Abdoolally Ebrahim & Co.）。儘管沒有在首次土地售賣時購買土地，這家印度洋行於1842年成立至今，並於創辦當年就率先經營渡海輪服務。

美國人最初不願意徹底遷離廣州，他們更願意在那裡繼續使用黃埔港的設施。牽頭的是於1844年在香港成立辦公室的旗昌洋行。同年年尾，有大約一百家洋行在香港做生意，一半屬英資，四分之一是印度或巴斯洋行。1844年，怡和將總部和二十名員工一起從澳門搬到香港來，很快顛地和其他洋行也絡繹遷至。然而這個年輕的殖民地面對重重問題，發熱、痢疾、颱風、洪水、火災，和充斥着犯事機會主義者，還有種種令人頭痛的問題。但是它最終還是發展為一充滿活力、繁忙、興旺與自信的城市。

最初的城市規劃異常簡單。皇后大道於1842年才開始興建，將曳船路規劃成濱海大道。可是這裡滿佈軍營、海軍專用的濱海區，還有給政府辦公的一片用地。幸而其他地區或多或少地給那些有本事在斜坡上建樓的人士開放。唯一不可動的就是中西區和水坑口的市場，預留作公共用地。第一塊給賣出的地屬於海軍，位於皇后人道和大海之間，中間沒有預留任何空間修築小路，於是缺少通向濱海區通道這一問題，一

直維持了若干年。同時，商人在皇后大道後面的山上建起了房屋，並築有通向房屋的私人小徑，但是長遠規劃仍然欠奉。

考慮最多的地區是中國人聚集的區域。那些通商口岸之所以被選擇是因為它們本身就是具相當規模的城市。相反，香港從中國被割讓出去，是因為它幾乎是荒蕪的。中國人湧進這座城市，大部分人都很窮，僅能棲身在廉價房屋。商貿中心附近的地區很快建立了一座座粗糙的小木屋，這反映了一個衛生問題，那裡差不多沒有公共衛生設施。火災的發生不僅威脅着住宅區，甚至威脅着整個社區。1843 年，砵甸乍開始在商業區的西邊進行一系列計劃，建立一套良好的道路網，第一個這樣的區域於 1850 年建成。由於沒有汽車，街道都很狹窄，且許多街道均設梯級。對香港的未來發展來說，這是一個長遠的問題，儘管現在這些小街使城市的一些區域變得更有味道。越來越多的人口使得這一切就像是一場永無休止的跳蛙遊戲，最後擁擠不堪。諷刺的是火災頻生有助大片地區被打掃乾淨，得以再次開始重建。

英國人在香港做生意、賺錢，毋須對殖民地瞭解很多，也可以安然返回家鄉。有兩批人能夠填補這個空缺，第一批是葡萄牙人。他們一發現外國貿易的注意力開始向香港轉移，就從澳門往這邊搬。從某些角

砵甸乍街，又稱石板街。
祺力高攝。

183

度講，他們已經在中國待了很久，對中國的語言和習俗更加熟悉，因此歐洲洋行都意識到需要聘用葡萄牙人出任文員一職。第二批是印度人。印度人作為天生的貿易商和企業家，跟隨着東印度公司去廣州，現在又來到香港，同樣的，他們已經在中國海岸待了許多世代。

　　到了 1850 年，外國人口數量達到了四百人，清一色男性，但卻有超過三萬名勤勉的中國人。船舶是經濟的命脈，最初的工業都同這項重要活動有關聯。1852 年，有二百四十名雜貨商，兩名纜繩製造商和兩間火炮廠。香港於 1843 年，駛出了它的第一艘西式船艦「天朝號」（Celestial）排水量八十噸，由拉蒙船長（J. Lamont）於香港東角（銅鑼灣）的自家院子裡打造而成。1857 年，拉蒙和德忌利士（Douglas Lapraik）的黃埔船塢被摧毀後，又在香港仔建立了一個新船塢。1863 年，有些船塢管理員組建了香港黃埔船塢公司，這間公司於 1880 年大體上控制了該行業。

　　1842 年建立了一間郵局，每兩週提供一次往倫敦的郵寄服務。1834 年，廣州和澳門已加開了每日的郵寄服務，但是飛速發展的貿易需求更多的航運服務。於是 1845 年，著名的船運公司鐵行率先落戶香港。廣東及澳門輪船公司則從 1865 年開始，每天提供往返廣州和澳門之間的航班；隨後藍煙囪海運

（Blue Funnel）和格林郵船（Glenlines）公司也提供了通往英國的定期航線。1866 年，太平洋郵政接通了香港與三藩市；1872 年，太古輪船開始經營綜合海岸服務。同時，中國大陸與香港這個殖民地之間的航運貿易，1847 年達到了八萬噸，二十年後飆升到一百三十五萬噸。運作模式的框架已經由西方人設定好，並且掌舵，中國人則負責提供產品。

貿易的發展帶動了銀行服務。東藩匯理銀行（Oriental Bank）在 1845 年開了分行，但大多數銀行服務還是由大型代理機構提供。接踵而來的是英資有利銀行（Chartered Mercantile Bank）於 1857 年開了分行，麥加利銀行（Chartered Bank of India, Australia & China）在兩年後仿效，但這些終究是大銀行的分行，沒有針對香港的需要。1865 年，一些香港商人於是聚首一堂，建立首間本土銀行匯豐銀行，目標是為中

（左）在郵票出現以前，從香港寄出的郵件會蓋上「郵資已在香港支付」的印章。

（上）1862 年香港首度發行的郵票，面額為 24 仙。

（下）1917 年香港為中國印刷的郵票，面額 12 仙。

停泊在泰晤士河的蒸汽船「印度斯號」（Indus）（左）及「里彭號」（Ripon）（右）。達頓（T. G. Dutton）1848 年的多彩石版畫作品。

185

皇后大道中 1 號，香港
上海滙豐銀行總行建於此
地，攝於 1910 年代。高
添強提供。

國、日本和菲律賓的通商口岸的貿易提供資金支持，
並偏重鼓勵商業的發展。滙豐銀行開業的第一年，即
面臨嚴峻考驗。1866 年到 1867 年，英國和印度經濟
嚴重衰退，導致許多企業破產，包括顛地洋行和七間
香港銀行中的六間，滙豐銀行卻倖免於難。及至 1886
年，香港已有二十多間銀行，多數屬於中國人。這些
早期銀行最初交易媒介都是英鎊，儘管東印度公司的
貨幣也是法定貨幣；同樣的，中國銅錢、西班牙和墨
西哥銀元也廣為應用，後者似乎更為普及。1862 年，
殖民地政府將貨幣從英鎊轉換成美元，以便設定其戶
口。政府並斥巨資建了一間造幣廠，從 1866 年開始鑄
造銀幣，兩年後因無法有效運作而倒閉。最先開始發

行鈔票的是印度東方銀行，時為 1845 年；到了 1865
年，共有五間發鈔銀行。

　　自從開始出售第一塊土地，海濱的發展一直零
零散散，理由是業主拚命從自家所屬海岸邊，將木
板伸展出海（以圖侵佔更多海域），導致港口髒亂不
堪，海潮被阻擋着，垃圾越堆越高。總督寶靈試圖建
立一處堤岸，但由於土地擁有人抗議，不得不放棄是
項計劃。於是他改行在東角進行大規模填海，那裡日
後被稱為寶靈頓道。但是濱海的主體部分仍然被倉庫
佔據着，每個倉庫都備有私人碼頭和突出堤壩。總督
羅便臣爵士在 1862 年重新開始規劃，但他只是計劃
在港口旁創設一條行人道，避免干擾商人的營運，這

十九世紀六十年代的香港
海旁，巨大的寶順洋行大
樓位於左側，畢打街右邊
是渣甸洋行。海傍道路普
遍的狹窄情況清晰可見。
華特斯畫廊藏。

條路就在十九世紀八十年代成為德輔道。

　　相反，城市內的發展非常平均，像其他中國南方的城市一樣，最流行的建築類型是臨街的舖居和唐樓。舖居大都開在大道兩旁，一般有四、五米寬，十二到十八米縱深。地下一層是商用舖位，樓上才是住屋。唐樓一般都非常擁擠和骯髒。在十九世紀晚期，85% 的香港居民是男性和過客。他們在這裡盡可能地多賺錢然後返回家鄉，同那些幸運的歐洲人相類似，並不介意為了省錢而蝸居擁擠的住房。此外，這些居所大都在街頭隨處搭建。現今，一些街道還是被用來供人們用餐、烹飪、幹活、貿易、洗刷、理髮和娛樂。吵鬧而充滿活力與生機，遺憾的是這樣的街道正在迅速消失。

　　發展勢頭無可阻擋，歐洲人把注意力轉投向山腰，羅便臣道於 1861 年建成，加上 1888 年山頂纜車的開通，居於山頂頓變一個可實現的選擇。中國人居住區則持續向西擴展，以太平山的街道規劃最為完整，儘管住房條件仍非常擁擠。西營盤由於被認為太過偏遠不適合居住，於是被開發成倉庫區。這意味着在十九世紀六、七十年代，維多利亞城的工廠可以被更多利潤豐厚的舖居所取代。海傍問題並沒有獲得妥善解決，直到保羅·遮打（Paul Chater）在 1890 年開始進行從石塘咀到海軍船塢，世界上最大規模的

連接羅便臣道和干德道的
其中一幢給保留下來的建
築，現闢為醫學博物館。
祺力高攝。

填海項目，項目於 1904 年完成，問題始獲得舒緩。
由於現存的問題，填海無法向東發展。在十九世紀
四十年代，海軍劃出了屬於他們的地區，即現在的金
鐘，軍隊還聲言擁有如今香港公園的那片土地，可兩
項要求都沒有同當局達成妥協。總督堅尼地爵士（Sir
Kennedy）為解決這個問題提出了吊橋的建議。

　　太平天國的暴亂和起義催化了一大批中國人湧
進香港，這現象直到第二次鴉片戰爭爆發才遏止，儘
管廣東一直充斥着強烈反英情緒。於是從 1851 年到
1861 年，香港人口數量翻了四倍。儘管那些新來的人
都是受歡迎的，這裡的島嶼和港口始終有一種被暴露
的感覺，儼如一顆從中國大陸發射來的炮彈。十九世

紀四十年代，英國人和美國人開始在九龍建造房屋，直到被戴維斯總督勒令停止。第二次鴉片戰爭的結果是在 1860 年簽署《北京條約》，割讓九龍半島，於是幾乎立刻就出現了關於徵用更多土地建設防禦工事的爭論，投機性購買土地的現象出現了，幸而，並沒有延續到往後的年代。

有了這種附加的安全感，基礎設施的建設迅速發展起來。1860 年，淡水通過管道從薄扶林水塘輸送到城中；且在 1861 年相繼改用煤氣街燈；踏入 1871 年，香港進一步通過電報電纜同歐洲取得了聯繫，第一個電話系統在 1883 年建立，有三十名用戶。1880 年，那羅治洋行（Dorabjee Naorojee & Co.）開始經營往返維多利亞港的定期渡輪服務，其後在 1889 年組成天星

1860 年代九龍半島，照片從尖沙咀信號山向西拍攝，圖左清晰可見原九龍警署，後改為水警總部。華特斯畫廊藏。

小輪公司。1901 年，有一項建設跨港大橋的提議，惟討論進行了七十年之久，時屆 1972 年，最終的結論是修建一條海底隧道。1904 年標誌性的電車被引入香港，兩年後九廣鐵路開始建設，1911 年竣工。

　　1861 年，香港總人口膨脹到十二萬，除了幾千名外國人，其餘都是中國人，許多新訪客都渴求能夠移民到美國加利福尼亞或者澳洲的「新金山」。香港也是他們的落腳點，因為發覺在香港有機會掙到錢。1859 年，這裡有兩千家中國商店和其他業務。還有七家中國貿易公司，在 1876 年增長至三百。其實 1855 年時，大部分納稅人都已經是中國人了。

1900 年代「北方之星」正駛離雪廠街盡頭的草搭碼頭。香港海事博物館藏。

約 1932 年的電車頭等月票為七元。這圖畫畫廊藏。

作為船舶、銀行和保險業的必要附件，貿易仍然是最主要的活動。1880年，香港掌控了中國21%的出口和37%的進口，最先發展的工業是造船業與船隻維修業。製糖業也相當重要，水泥製造業也是一樣。還有許多關於雪茄、玻璃、船槳、火柴、籐製品和肥皂等生意，但規模細小。在製造業發展之前，需要物業、設施和服務等環節配合。

十九世紀末，很多出現在香港的洋行名字與業務，至今還在香港有相當份量，它們是：遮打（Chater）洋行：1864年，吉席·保羅·遮打十八歲時從加爾各答來到香港。從掮客做起，很快投資到地產，並對香港創辦許多大公司有重大貢獻。1926年他去世的時候，堪稱這個城市最富有的人。吉席街、遮打花園、遮打大廈和遮打道均以他的名字命名以表紀念。中華電力公司（China Light & Power）：羅伯特·薛旺（Robert Shewan）於1900年註冊了這間公司，之後賣給了嘉道理（Kadoories Family）。在1903年，是紅磡第一家發電站。香港中華煤氣公司（Hong Kong & China Gas Co.）：1864年12月3日，第一盞煤氣燈在皇后大道和上亞厘畢道之間點亮。二十八年後，煤氣連接到九龍。大約二千盞煤氣燈中現在只剩下都爹利街那盞。香港電燈公司（Hong Kong Electric Co.）：這是遮打的另外一間公司。第一座發電站位於

保羅·遮打爵士半身銅像，2009年9月1日落成揭幕。祺力高攝。

灣仔船街。1890 年 12 月 1 日，五十條街的街燈都被點亮了，同樣位處皇后大道和上亞厘畢道。香港和上海市是最初兩個擁有公共電力的亞洲城市。香港置地（Hong Kong Land）：由遮打與渣甸成立於 1889 年。該行在 1904 年至 1905 年建造了第一座摩天大樓，五層樓高的建築，頓時矮化了當時甚為流行的兩、三層高樓房。香港九龍倉公司（Hong Kong & Kowloon Wharf &

約攝於 1900 年的西部海港。在眾多平底帆船及舢舨中，有一艘歐洲帆船孤零零地穿插其中。

怡和洋行位於東角的一些設施，約攝於 1880 年。高添強提供。

193

Godown Co.）：由遮打於 1886 年創辦，九龍地區發展的先驅，並與怡和洋行位處西角（西環）的倉庫混合在一起。和記洋行（Hutchison & Co.）：創辦人約翰‧哈欽森（John Du Flon Hutchison）在二十二歲時來到香港，為瓦爾克洋行（Robert S. Walker & Co.）工作。及至十九世紀六十年代創始了自己的生意，洋行以其廣東名字稱為「和記」。嘉道理集團：艾利‧嘉道理（Elly Kadoorie）於 1880 年從孟買來到香港。開始時同新沙遜洋行（E. D. Sasson）一起工作，後來從掮客開始創業，涉足酒店、物業設施及房產等領域。羅蘭士‧嘉道理（Lawrence Kadoorie）是香港第一位貴族。連卡佛（Lane Crawford）：1850 年，托馬斯‧連（Thomas Lane）和尼安‧卡佛（Ninian Crawfond）在一間草棚裡開了一間海洋餅乾店舖，在十九世紀六十年代又開了一間麵包店。1905 年建了樓高六層的百貨公司，前者曾誇口道：「這裡包羅萬有，由小至一顆釘以至巨大的錨也應有盡有。」太古洋行：1870 年在香港開了分行，1884 年創立了太古糖廠，1908 年又創立太古船塢，是二十世紀初世界上最大的洋行之一。

作為外國力量瓜分中國領土的其中一部分，1898 年英國通過將租約加長到九十九年，從而擴大香港的土地面積，即我們所稱的「新界」。這是一項重大的附加

條件，它將殖民地面積從一百五十平方公里擴大到一千平方公里。其中還包括了各種形狀和大小的小島。香港繼續發展成為一個轉運中心，在二十世紀即將到來的時候，香港佔據了 42% 的中國貿易。除了經歷了又一次的移民浪潮外，1911 年的辛亥革命對殖民地沒有產生特別重大的影響。類似地，第一次世界大戰引起了再一次的人口增長，1914 年到 1919 年間，人口從五十萬增長到六十萬。當時歐洲的戰事，導致資源短缺，促成香港年輕工業的繁榮，小工廠開始製造電筒、電池、毛巾、餅乾和搪瓷器具。

1936 年其中一家香港電筒生產商的廣告。

二十世紀二十年代，殖民地發生了許多變化，包括名稱。英文稱為 Hongkong，直到 1926 年才被修訂為 Hong Kong。其他的變化相比之下重要得多，這個殖民地變成了南方通商口岸廈門、廣州、福州、澳門、汕頭和武昌的中心。由於香港政府的「自由放任」政策，使香港成為中國政治活動的中心。孫中山甚至向英國人提問是如何在短短七八十年間，將香港管理成中國四千年都沒有達到過的狀態。這些悅耳的說話並沒有在 1896 年反清運動中幫助他躲過流放，反清運動顯然是英國人不能容忍的。孫中山激發的強烈民族主義熱情，導致 1925 年大罷工和對英國商品抵制等活動的出現。這些行動是由「上海事件」煽動的，之後擴散到廣州，很快延伸到香港。貨船和碼頭

香港政府 1935 年自行發行的一元鈔票。

停泊於卜公碼頭的巴士及電船仔，約攝於 1938年。香港大學藝術博物館藏。

的徹底罷工，使香港經濟陷入停滯。直到 1926 年，事情才恢復正常，但一陣風暴很快席捲了整個中國。

接下來的十年，出現了全球性的經濟衰退。1934年，政府報告上寫道，儘管貿易「十分不景氣，但是每天仍然有平均二百五十艘貨船進港，比前一年的三百艘略減。」在 1938 年，政府滿心歡喜地宣佈香港依然沒有引進薪俸稅，那時候勞動人口可不少，有三十多萬勞動力，另一份報告估計，大約有五十萬名新移民到來，結果這些人中的二萬七千人未能找到安

樂窩，僅能睡在街道上。大量移民湧至，顯然是日本向中國南部入侵所致。不過，經過眾多的災難，無論自然的或是人為的，人們普遍相信香港是安全的。事實卻不然，1941 年 12 月，殖民地進入長達三年零八個月的痛苦期，作為中國海岸上唯一的外國殖民地，準備繼續其非凡的發展。

現在那裡還有什麼？

二十世紀後半部，香港對中國大陸的變化一直冷眼旁觀。不同於其他的通商口岸，香港持續地發展着時快時慢。因此，不可避免地，許多古建築一次又一次地被取代。大部分仍然從通商口岸時期保留了下來。

十九世紀留下的優美建築有：1843 年落成的美利大廈，近年搬到赤柱新址。1846 年落成的三軍司令官邸，現在是香港茶具文物館。1849 年落成的聖約翰大教堂，依然在使用中。1840年落成的域多利監獄，保育維修當中。1851年落成的聖公會會督府，香港主教的住宅。1855 年落成的港督府，現為香港行政長官的官邸，後來附加了許多設施。1864 年落成的中央警署，保育維修當中。1868 年落成的瓊記大班的府邸，後來作為俄羅斯領事館和法國傳道會，現為終審法院。1875 年落成的都爹利街石階，古老的煤氣燈仍然亮着。1884 年落成的香港天文台，現在同過去用途並無

現時的終審法院。祺力高攝。

二致。1884 年落成的香港水警總部，現在是一家精品酒店及精品店商場。1897 年落成的天主教總堂，現在是香港天主教的中心會堂。

另外，也有相當數量的二十世紀早期建築：1902年落成的九龍英童學校，現在是古物古跡辦事處。1912 年落成的香港大學本部大樓，仍然在大肆擴張的大學校園中肩負主導作用。1912 年落成的前最高法院，現在的立法會大樓，很快將會恢復原來的用途。1913 年落成的牛奶公司倉庫，現在是外國記者俱樂

羅馬正義女神像，屹立於前最高法院頂部（現立法會大樓）。祺力高攝。

部。1916 年落成的梅夫人婦女會，現在仍然是女士俱樂部。1916 年落成的九廣火車站鐘樓，舊火車站留下的唯一遺跡。1919 年落成的中央裁判司署，保育維修當中。1923 年落成的畢打行，中環區唯一一棟戰前的商業建築。1928 年落成的半島酒店，現仍是香港最好的酒店之一。

名單絕不是完整的。在香港過去的一百七十年的發展過程中，還有非常多的重要遺跡。例如建於 1843 年的前殖民地公墓，仍然在跑馬地那裡。中環街市是唯一屹立在 1841 年建造時位置的建築，儘管現在的建築已經非常現代了。香港島上還留有非常少量的家庭商店；在九龍的上海街可以找到更多。位於中環廣場樓梯街的濕貨市場，還很大程度上保留着十九世紀四十年代時的味道。

1997 年香港回歸成為中國主權領土時，曾幾何時令人憂慮殖民地遺跡會被拆掉，幸而相安無事。街道名稱依然保留着；此外這裡還能夠找到英國君主的雕像：維多利亞女王（Queen Victoria）像置身維多利亞公園中，英王喬治六世（King George VI）雕像位於香港動植物公園。

10

戴維斯爵士繪製的寧波地圖（刊登在 1852 年他出版的《交戰時期及媾和以來的中國》）。
當他抵達寧波，特別提到「非常喜歡寧波人的性情」及當地出產的絲綢。

寧波

　　寧波是五個最早開放的通商口岸中第一個被英國歸還中國的。在過去四百多年中，這裡是第一個有歐洲人居住的中國城市。它曾經是繁華的沿海貿易中心，但作為通商口岸卻有負眾望。中國史料記載寧波始建於公元前 2205 年，當時的城址在今天所在地東部十五公里的地方。無疑基於商業考慮下，公元 713 年寧波給遷至今天位置，位於三條河流的交滙處，余姚江、奉化江和甬江。十五世紀末，這裡已經是與朝鮮進行朝貢貿易的中心了，與這裡佔盡地利有莫大關連，距離當時南宋都城建康（後來稱作南京）僅咫尺之遙。為方便監管來自韓國和日本的朝貢，992 年北宋朝在寧波建立了市舶司。這座城市同時也是一座主

（左頁）香港發行面額 4 仙的郵票，蓋有 1903 年寧波的蓋銷章。

要的內河港，通過運河連接長江的各個港口。公元七世紀大運河建成後，寧波順理成章成為京杭大運河最南端的終點。這裡還是南宋（1127-1179年）最主要海關中心之一。南宋遷都杭州後，整個長江下游地區的人口和財富都出現劇增，從南方的辣椒、象牙和木材到日本的水銀、黃金和珍珠，都要經過寧波轉口。與此同時，寧波一直也是漁業中心，船隻數量一度超過一萬艘，規模僅次於英國倫敦和日本長崎兩地。

當葡萄牙人首次到訪中國沿海時，寧波的這些優勢引起他們的注意。上文提到葡萄牙人在一處名為利岩波的地方建立基地，相信他們指的不是寧波城，但有可能是它所在的大轄區。利岩波的具體位置現在還無法確定，根據中國文獻，它很可能位於雙嶼港的某個隱蔽處，大概是舟山群島的某個島嶼，那裡數以百計的小港灣為走私船提供方便。某些歐洲資料認定就是今天位於甬江口外的鎮海，但利岩波顯然不像是位

寧波西城門，約攝於1900年，城門設有一小開口，以便船隻進出。

處大陸土地上，它可能位於鎮海附近，或者隸屬於鎮海轄區內。利岩波被誇張地描述成一個具相當規模的殖民地，內設參議院、兩座醫院、兩座小教堂，還有數百間大型房屋。然而，殖民地與宗主國之間的關係錯綜複雜。1523 年和 1530 年兩次暴亂奪走了大量中國人的性命，中國人認為葡萄牙人的到來，才使得那些具有海盜天性的日本人捲土重來。

1542 年，寧波作垂死掙扎。利岩波的一位高級官員蘭斯洛特・佩雷拉（Lancerote Pereira）帶人大肆掠奪附近村莊、搶奪農產品，更堪的是將魔爪伸向農民的妻女。有見及此，怒火中燒的巡撫下令搗毀葡萄牙人的聚居地：六萬名中國軍人和三百條戰船只用了五小時，就將利岩波夷為平地。一千二百名葡萄牙人中的三分之二被殺，另外被殺的還有一萬二千名中國基督教徒。有些資料顯示，1528 年，寧波橋閘口附近的一座寺廟分配給葡萄牙人作為迎賓館驛；資料還顯示，直到十九世紀中期這座建築還存在，如兩座葡萄牙堡壘的遺跡，在鎮海的河流入口處相向而對。

下一批到達的歐洲人是荷蘭人。1622 年他們攻打澳門失敗後，轉而北上甬江口的寧波，打算消滅那些遲遲不願離開的葡萄牙人。英國人在十七世紀末到來時，目的不盡相同，但同樣受挫。英國東印度公司認為廣州給予外商的待遇非常不如人意，遂

由河邊看出去的寧波市，
托馬斯·阿羅姆繪。

決定在寧波或者南京建立一家工廠，皆因這兩地更加接近絲綢供應中心，並且北方的氣候或許更有利於開發英國的羊毛市場，東印度公司同時注意到日本市場的潛力。東印度公司的船隻「麥克萊斯菲爾德號」（Macclesfield）於 1699 年到達舟山，翌年為了方便在寧波貿易，英國人在此建立了一座工廠。1701 年，東印度公司投入到寧波船運資本抵得上廣州和廈門的總和。但寧波的投資環境並不比廣州為好，工廠於 1703 年終被英國人放棄了。當時，外國人到訪仍然需要寧波當局批准，儘管這麼做沒有什麼特殊意義。時隔多年，1736 年英國人訪問寧波時發現情況一如往昔。

直至 1755 年始出現轉機，東印度公司又派來一艘船，試圖打開市場，當地人在感到驚訝之餘，歡天喜地接待了這批訪客，還批准他們在合理條件下進行貿易。1756 年，另外兩艘船在這裡也獲得了相似的愉快經歷。局面終於有所好轉。翻譯洪任輝（James Flint）

1755 年離開寧波時對這裡的印象頗佳，睽違了兩年再次回來時，滿心希望能夠在這裡住下來和開辦新的工廠。正如我們第四章所講，當皇帝聽說這次到訪——消息大部分來自廣州官員的抱怨——他再一次限令所有對外貿易必須在廣州進行。東印度公司不想就這樣放棄，於是兩年後再次派遣洪任輝來到這裡，威嚇如果不被准進入寧波，他們就要對北京進行一連串控訴。不尋常地，洪任輝還設法到了天津。由於他的膽大妄為，終被東印度公司急召回廣州，並扣押在澳門達三年之久。此時寧波顯然還是禁止外商進入的。

然而，英國人一直對這個富有且具戰略意義的港口念念不忘。寧波是 1792 年命運多舛的馬戛爾尼代表團嘗試打開的港口之一。寧波同廈門、福州和上海一樣，也是 1832 年林賽（Hugh Hamilton Lindsay）曾經乘坐「阿默斯特號」實地考察過的港口。他發現歐洲製造的羊毛製品在這裡有市場，這表明東印度公司早期的判斷是正確的。沒過十年，英國遠征軍在北上途中，攻佔了舟山群島和寧波港，英國人試圖說服清朝皇帝開放林賽到訪過的城市為外貿口岸。有些事情確令人很詫異，1841 年，幾個在海難中倖存下來的英國男人和女人，被關在竹籠裡遊街示眾達好幾個月，看來排英情緒高漲；奇怪的是當英國人攻打寧波時，卻沒有遇到太多抵抗。原因是中國人將希望都寄

托在鎮海的炮台上，炮台扼守入海口，理應足以抵禦各種入侵；可是事情的發展並非如此，第二年，根據《南京條約》，寧波被列為五個通商口岸之一。

在寧波被提名為通商口岸之後，最初到達的外國人之一是無處不在的羅伯特·福瓊（Robert Fortune）。1843 年秋天他來到寧波，記錄城市被一道八公里長的城牆圍着，城內的房屋密密麻麻，但卻是他到訪過最乾淨的中國城市。出於防火的目的，城市不時被牆隔開。江上有一座浮橋，還有一座可追溯至 1330 年、四十米高的天封塔。商店出售當地特色的鑲嵌家具，還有按照「歐式風格」製造的絲綢與刺繡品。那些巍峨的銀行，讓他相信「這裡肯定是一個非常富裕的地方」。他對銀行的觀察極為細微，當通商口岸上海成為金融中心後，當地銀行實際上操控在寧波人手上。他同時指出，雖然寧波很富足，具備某些優勢，可是在過去幾年中，經濟卻處於衰退狀態。

福瓊遇到了「英國在寧波的商人之一麥肯錫（Mackenzie）」，更準確地說是「英國在寧波唯一的商人」。查爾斯·麥肯錫大約在 1842 年來到寧波，最初的十八個月裡他一直苦苦掙扎、勉力謀生。直到 1844 年，決定放棄，選擇遷到上海去。1844 年 1 月 1 日，英國領事羅伯聃（Robert Thom）宣佈通商口岸正式開放。他曾是怡和洋行員工。和其他在新港口任職

的同事不同，羅伯聃決定不發表任何聲明，也不住在城市裡，反而在江的對岸租了一座中式建築，在那裡他能夠監視所有的貿易活動。迨至 1880 年，羅伯聃的繼任者終於等待到為領事工作而興建的使館，這是一座兩層樓高的建築，坐落在外灘北端，館內還有一個伸展到江邊的花園。其實第一任領事的工作相當輕鬆。所有的外國人都來自英國，包括心灰意冷的麥肯錫、1842 年從舟山群島趕來的傳教士米鄰（Rev W. C. Milne），還有一兩個女傳教士。

在寧波作為通商口岸的歷史過程中，傳教士的

1933 年出售時的英國駐寧波領事館。

今日的英國駐寧波領事館，正進行復修。祺力高攝。

影響要比商人大得多。1846年寧波有三名商人和兩名職員，傳教士的數量卻是商人的兩倍，儘管當年商業活動持續增多。英國人歸還了曾經作為戰爭賠償的舟山，鴉片貿易因而轉移到了寧波，在隨後的十年，鴉片貿易是外國人唯一的商業活動。即使這樣，鴉片買賣也不是在港口內進行的。由於形勢敏感，怡和洋行將他們的接駁船「希臘號」（Hellas）停泊在魯旺（Luwang），顛地洋行等主要洋行也紛紛效尤。根據英國駐寧波領事1848年的報告，在這裡沒有看到任何官方船隻，除了港口警戒線之外的走私活動。雖然為通商口岸通郵是領事的責任，但他很快發現顛地和怡和洋行的快船更勝任，能夠快捷地傳遞官方信件。

寧波開埠十年後，仍僅得十九名外國人，很難稱之為成功。在眾通商口岸中，只有福州的外國人口數量比寧波少。境遇悲慘的不光是對外貿易，福瓊寫道這座城市早在1843年他到來之前就在走下坡，寧波

（左）一直以來，《中國指南》都是了解曾幾何時在中國沿海活躍人士的重要渠道。

（右）1861年寧波的外籍居民名單。

的頹勢半個世紀前就開始了。寧波商人連同在福州和廣州的商人，已察覺上海作為中國沿海商業中心所具有的潛力。在考慮到缺乏中央財政架構的支持，寧波商人先下手為強，率先掌握長江流域的銀行業。當時的上海沒有寧波大，但地處大河入海口的地利讓它比寧波更佔優，這時候上海的商人亦逐漸發現上海被寧波商人接管了。早在 1849 年 9 月，曾經擔任過外交大臣的巴麥尊勳爵命令香港總督般含爵士去搜尋一個更有優勢的城市，比如蘇州、杭州或者鎮江來替換寧波，最終這個設想並沒有實現。儘管傳教士們偏愛住在城內，但一個歐洲人聚居地逐漸地在北城外形成。

　　海盜是另一個持續干擾正常貿易的因素。所有沿着中國海岸線航行的商船都要考慮，是否將航程寬限幾天繞開舟山群島，抑或節省時間貼近海岸航行。窮兇極惡的海盜船在島嶼周圍埋伏着，尋找容易下手的目標。澳門的水手很快找到了一門收「保護費」的生意，所有經過船隻都被索求交付很大筆費用。廣州的也不甘落後，在某些大惡霸帶領下也幹起了類似的買賣，於是這兩伙幫派之間的暴力衝突在所難免。1851 年至 1852 年，葡萄牙人在開辦領事館前，一直與英國領事館聯合辦公，後來他們用顛地洋行的辦事處作為自己的代理處。1854 年，葡萄牙領事甚至從澳門調來一艘軍艦保護嚇破了膽的同胞。1857 年情況到

另一位早期造訪首批通商口岸的人是佐治·史密夫神父（Rev George Smith），他於 1847 年發表了相關報告。

了緊要關頭，廣州人來到河道並開始攻擊葡萄牙人，奪取他們的船隻。雙方都傷亡慘重，當部分葡萄牙人落荒而逃至他們領事館後的墓地時，廣州人發動攻擊，屠殺了約三四十名葡萄牙人。衝突爆發後，由於無法決定支持哪一方，法國人一直作壁上觀；直至法國軍艦不情願地介入，葡萄牙領事才得到營救。

1854年，年僅十九歲的羅伯特・赫德（Robert Hart）來到中國擔任領事館臨時翻譯，次年六月就得到了提拔，後來更出任中國海關總稅務司（詳見第十一章），是中國最有權勢的西方人。1856年時一位來訪的美國海軍官員將寧波描述為「上海的骯髒後院」，但這卻沒有阻止查爾斯・俾列利（Charles Bradley）在第二年成為美國第一任駐寧波領事。年輕的社區很快變得國際化，1859年的《香港指南》（*Hong Kong Directory*）記載的寧波洋行包括：得利

原海關大樓，現改建為富有品味的博物館博。祺力高攝。

洋行（W. R. Adamson & Co.）：經營絲綢、茶葉和船舶，1858 年創於上海，為天祥洋行的前身。寶文洋行（James Bowman & Co.）：寶文（Bowman）和莊遜（F. B. Johnson）合夥併購了位於香港皇后大道一號的獲多利洋行（W. H. Wardley & Co.），後來成為滙豐銀行最初的經營地點。大衛遜洋行（Davidson & Son）：最初起家於寧波的洋行之一，也是最大的洋行之一，其中有四位僱員來自大衛遜（Davidson）家族。創始人威廉・大衛遜（William Davidson）死於 1877 年，留下十萬英鎊的遺產。儘管他涉嫌捲入收取保護費和其他可疑事件中，1854 年赫德仍然稱他為「最值得尊敬的商人」和「一個友好、誠懇的夥伴」。惇裕洋行（Harkort & Co.）：1843 年時是廣州禮和洋行（Carlowitz & Co.）的夥伴，關係在 1855 年結束。義記洋行（Holliday Wise & Co.）：1832 年成立於英國，在廣州、香港和上海都設有分行。莊生洋行（Johnson & Co.）：羅伯特・赫德在 1854 年認識莊生洋行的施華迪（G. E. Cerruti），並認為他「非常有教養」。魯麟洋行（William Pustau & Co.）：或許是中國首家德國洋行，1843 年在廣州開始做第一宗生意。連納洋行（R. Rayner & Co.）：赫德也認識羅伯特・連納（Robert Rayner），認為他「即便不算粗魯，也懷有暴力傾向」——羅伯特・連納曾經建議海關官員不要對商品

進行檢查，商人們的發票已是船運貨物數量的力證。他的觀點顯然沒有人聽取。禮昌洋行（P. F. Richards & Co.）：寧波的大洋行之一，擁有四名歐洲員工。堅尼地洋行（Smith Kennedy & Co.）：擴展非常迅速的香港公司，在廣州、福州和上海均有分公司。公司業務在 1872 年達到巔峰，可惜於 1877 年解散。嘩地瑪洋行（Wetmore, William & Co.）：擁有四名歐洲員工。威廉·滑摩（William Wetmore）在廣州居住了許多年，自 1835 年在清廷設立的商行內居住。在上海和日本均有分行，但於 1867 年關閉。

以上的洋行涵蓋了當時活躍於中國沿海的大洋行：義記洋行、魯麟洋行和堅尼地洋行都是當時的臨時委員會成員，負責監督滙豐銀行的組建。另外，還有多家大洋行分行，包括顛地洋行、仁記洋行、太平洋行、瓊記洋行、怡和洋行和旗昌洋行，還有為大型輪船公司鐵行輪船的代理機構等。對於這樣一個小的群體（不到五十名的常住商人）來講，酒店的數量同人口數量似乎不成比例。據 1859 年的《香港指南》記載，酒店管理人為梅雷迪思（Meredith）和史密夫（Smith）。四年之後，《中國指南》也記錄了兩家酒店，名字卻不同：哈查爾特酒店（Hatchard），由哈查爾特夫人（Hatchard）和泰里（F. Tyree）合營；以及斯旺伯格酒店（Swanberg），經營者就是威廉·斯旺伯

萬豪酒店，今天寧波城中一家摩登酒店，較基督教堂還要高。祺力高攝。

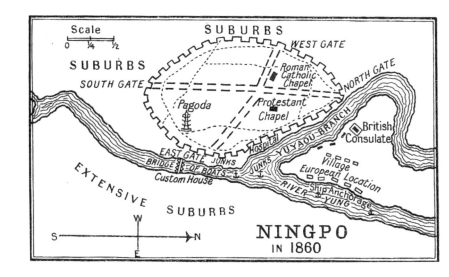

格。1866 年，這裡還有喬治·比爾（George Peell）經營的柯比酒店（Kirby Hotel）；同時，泰里也經營浦江酒店（Astor House Hotel）。這時候寧波還有兩位麵包商，分別是勒德森（H. Ollerdessen）與上述的斯旺伯格。第二年，這裡出現了不少於五家的酒店：斯旺伯格酒店變成德國大酒店，然而它後來還是恢復了家族名字，另外這裡還有漢堡大酒店、東方大酒店、我們的房子（Our House）酒店和皇后大酒店。

歐洲人聚集區已經從城市東北角的區域向四周擴張了一公里多。關於地區的邊界一直沒有給明確界定下來，歐洲房屋同中國人的住房和木材貯存場所混在一起，沿着河岸邊建在一起。在北城牆對面，美國和法國領事館早已同英國領事館毗鄰而建。從 1866 年

213

開始，海關巡洋艦停泊在河流中足以穩定人心。歐洲人區域的中間，開闢出一塊約兩公里的賽馬場，為外國居民提供主要的休閒活動（現中馬路）。雖然商業前景堪憂，寧波卻是一座宜居之城，十九世紀六十年代居住着大約六十名非傳教士。

由於靠近大海，適合進行划船和陸地遠足，且有兩條定期的海上航班連接寧波和上海。令人吃驚的是，這裡除了舉行晚間演講的寧波圖書俱樂部外，再沒有其他俱樂部了，但是有一些為到訪的水手提供服務的酒吧和酒館。由於治安不靖，催生了警察隊伍的成立。市中心有一條從東向西的大道，道路兩邊店舖林立，其中一間很特別的茶堂，名為 Fortnum & Mason's，以茶葉品質與優雅聞名遐邇。

1861 年的一場運動改變了這一切。太平軍一直緊盯着寧波，因為寧波能為他們提供一個出海口，這正是他們所缺乏的。12 月，他們輕易地打敗了朝廷的駐軍並佔領了寧波。英國人曾打算訓練清軍，事實證明清軍在戰鬥中笨拙而無能。與此同時，太平軍的首領向外國人保證人身以及財產不會受到侵害，他們也確實履行了諾言。太平軍甚至還建立了一座海關，並頒佈一些合理的貿易規章。外國人也許為此很感動，但城裡 95% 的中國人卻紛紛逃亡，好多人逃到外國租界尋求庇護。1861 年底，艾伯特親王（Prince of

行駛在寧波河的「康德號」（Encounter），船尾的英法紀念物依然可見，麥克阿瑟（A. D. McArthur）繪。華特斯畫廊藏。

Albert）去世，儘管太平軍表達了對親王的讚頌，但絲毫沒有讓沿江兩岸居民緊繃的神經有絲毫放鬆。

　　太平軍對寧波的佔領持續了五個月，一直信守對外國人的諾言；不過外國人意識到他們真正可信任的還是大清帝國。對他們來講，清朝雖然有太多的不足，但似乎比這些貌似宗教狂熱的太平軍要好相處。英法的戰艦在河道裡游弋，橫亙在外國人居住區和城市之間，預示着任何針對於他們的攻擊將被報以迅猛的回擊。雙方緊張的氣氛一觸即發。很可能是前面說到的那位大惡霸蓄謀已久的行動，他和他的海盜船隊早已經接受了朝廷招安併入清朝海軍，他們此時也駛進河裡。無論出於什麼緣由，1862 年 5 月 10 日，英

國皇家海軍「康特號」驅逐艦在杜伊（Dew）船長指揮下向城內開火。法國人很快也加入戰鬥，兩國的海軍向寧波發起了猛攻。面對英法強大的攻勢，太平軍棄城而逃，英法聯軍將寧波還給充滿感激的清廷。不過這名惡霸和他的手下進城後五個小時之內釀成的破壞，要遠大於太平軍在五個月裡造成的損毀。

清政府在河東岸對着城市的地方，用太平軍留下的排炮修建了一座方尖碑，用以紀念在這次戰鬥中陣亡的二十九名英法軍人。這座碑 1906 年被重新修

1906 年英法紀念碑的第二個所在地。

復並遷離，現在那裡已經感受不到對外國人的感激之情了。1932 年，它最終被移到了洋人公墓，並且在 1933 年的 5 月 6 日重新舉行了獻辭儀式。歷史學家總是對公墓抱有極大興趣，除了這座英法紀念碑，公墓裡還有一座是紀念美國傳教士羅特（Edward Lord）的，他的墓被七名妻子中的六名的墓團團圍繞着。其中，他第二位妻子的墓上驕傲地刻着「自由戀愛的里昂」（Freelove Lyon）的名字。令人遺憾的是它已不復存在，被毀於二十世紀六十年代的狂熱運動。同時消失的還有一座修建於太平天國時期的法國天主教公墓，這座公墓位於寧波上游一公里處。直至 1864 年清政府對於外國人的感激仍然有跡可尋。英國人提出要在 5 月 24 日，即維多利亞女王生日那天舉辦一場跑馬比賽。對於曾在兩次戰事中羞辱中國人的英國人來講，這本是一次弘揚民族主義的慶典。奇怪地，中國地方上最高級別的地方官道台，不僅在城西給英國人撥出了一塊土地，還給其中一屆比賽頒發了「道台杯」。從 1866 年開始，英國人每年都舉辦跑馬比賽，而且選在一個更便利的地方──東、南城門牆外的前清兵閱兵場，每每吸引了大群舉止彬彬有禮的觀眾。

1864 年，新任海關總稅務司羅伯特・赫德再次造訪寧波，注意到寧波港停泊着四十艘帆船，還有六艘至八艘蒸汽船，同他十年前對這裡的印象大相逕庭。

這座經細緻地復修的建築，過去很可能是美國領事館。祺力高攝。

但是這個印象或許是虛假的，同年一位領事報告說寧波徒有其表、「貌似重要」，卻沒有任何商業活動。報告還顯示在開埠通商二十年中，寧波沒有什麼重要發展，雖然貿易和船隻的數量也在緩慢地增長。到1873年，寧波總共有八座領事館。英、法、美的領事館設施一應俱全，英國人同時也代行奧匈帝國、丹麥的領事職責，旗昌洋行則負責德意志帝國、荷蘭、瑞典和挪威等國的。最初，通商口岸的開放大大促進了

托馬斯·阿羅姆繪畫位於寧波郊區的棉花種植園。香港海事博物館藏。

貿易。但是除了海上貿易，大部分來自寧波的出口商品：帽子、毯子、醃魚、糖和家具等都控制在中國人手中。本地出產的棉花從美國南北戰爭中獲利，但是隨後即陷入衰退。對外貿易在 1881 年達到了頂點，往後的衰退速度卻遠大於之前的增速。至少從 1873 年開始，這裡出現了一個「浮橋管理員」——羅西弛（Antonio Rossich）帶領手下收取行人過橋費。1877 年，當他向一位着軍服的人收取四元過橋費時，赫然發現自己無意間捲入了一場暴亂。自此他明白到所有政府官員和穿制服的人都應免費通過，這次的行為看起來是有點魯莽了，他只好逃命，最終躲過一劫。

外國人聚居在這裡的生活，並不總是那麼讓人興奮的。諸多外國洋行只對航運和相關保險需求感興趣。1887 年，斯科特（Scott）報告稱寧波的貿易進展非常令人不滿意，甚至還不如兩年前法國人封鎖河道

十九世紀末的寧波外灘，左邊的建築及教堂今天依然佇立着。

上頁提及位於左邊的建築，如今已改建為餐廳和照相館。祺力高攝。

時的狀況，當時法國人剛剛摧毀了福州的清軍兵工廠，抵達鎮海。太古洋行於 1888 年在寧波開了一家分行，便於管理本地的太古輪船業務，他們在寧波同中國招商局的船隊競爭得非常激烈。十二年後，太古洋行成為唯一還留在寧波的洋行。而英國與美國是唯一兩個還設有領事的國家，美國人則於 1904 年離開了。

1905 年，寧波通了電，法國人創辦了一家郵局。1913 年，郵政業務被俄羅斯領事館掌控，但現在郵政服務有效地為整個通商口岸服務。1919 年，寧波

1920 年代昏昏欲睡的寧波海旁。太古集團藏。

被形容為一座「沉睡中的外港」。1927年，一個由中國人和外國人組成，負責管理外國人聚居區的的委員會也終止了會務。城牆於1931年被推倒，取而代之的是一條大馬路。1896年，杭州也被列為通商口岸，原本寧波那狀況不佳的貿易每況愈下。當時許多國家都有合併寧波和杭州兩地領事館的打算，最終在寧波的領事館於1933年全都被關閉，上海取代了寧波的位置。1932年4月，最後一位外商也離開了寧波，英國領事館1934年被拍賣給一位中國商人作為宅邸。

（上）1907年從寧波外灘南望，遠處的教堂遙遙可及。太古集團藏。

（下）1907年，由寧波外灘向北望。

現在那裡還有什麼？

221

基督教堂的使人興奮石
雕。祺力高攝。

舊城牆的遺跡現在由一條大馬路標示出來，這是
在推倒城牆時就設計好的。同樣完整保留下來的還有
一條運河，和原來的河流一起將整個城市環繞起來。
天封塔還屹立在那裡，並於 1984 年大規模重修。多
次重建的天主教聖母升天大教堂還在玩具城那裡，現
在的奇怪外形是 2000 年重修的。但真正能夠找到少
量外國遺址的地方是在城中心的北部，那裡是由余姚
江和甬江相滙形成的一座「Y 字形」半島，此地現在
被稱為「江北」，有時候也叫「甬城」。在城市西北
部、余姚江的北岸，有三棟建築端莊地坐落在那裡，
這些是以前的領事館和宅邸。第一座是三棟建築中最
小的，現在為政府科研所用。第二座現在是一家名為
現代盛宴（Feast Modern）的餐廳，想當初必是某個重
要人物的宅邸，與其連在一起的還有一座倉庫。第三
座是迄今為止保存最好的，看起來像一座辦公大樓而

海關毗連的一座小教堂，
讓人恍如到了英國鄉郊。
祺力高攝。

非住宅，可追溯到十九世紀六七十年代，然而它的歷史身份卻很難確認，儘管從它的位置來看很可能是當時的美國領事館；目前它是一座餐廳。寧波的舊建築很少掛有名牌，標明它們曾經的歷史。

半島的另外一邊也就是甬江下游的左岸，曾經是當時歐洲人的商業中心。它的南端是一棟十九世紀後半葉的漂亮建築，它的身份同樣無法考證。現在也是一座餐廳，它引以為傲地擁有大量而吸引人的寧波老照片。十九世紀法國人修建的基督教堂坐落在更早之前葡萄牙人的教堂的旁邊。還有一棟年代較近的建築，修建於 1930 年的中國國際貿易銀行，現在叫做金第舫酒店，目前正進行裝修。半島北邊是一片中式設計的商業樓，新舊不一混雜一起，完全分不清哪棟是新建或原來就有。這裡是著名的「老外灘」，有多家餐廳、咖啡廳，還有鵝卵石鋪成的街道，一切都顯得那麼迷人。這裡還有一座建於十九世紀六十年代的外國警察局。老外灘位處外灘盡頭，但部分建築卻在灘頭盡處外圍。其中一座是在原址修建的、漂亮的海關博物館，毗鄰舊港口，站在其巨大陽台上可以俯瞰遠處的江景。幾百米之外是前英國領事館所在地，現在屬於重修中的人民解放軍軍營的一部分，將來無疑會很美麗。白沙公園原是外國人公墓舊址，令人神傷的是，已經沒法找到它曾是一座公墓的痕跡了。

外灘北端的老建築之一，正受到現代化進程的威脅。祺力高攝。

11

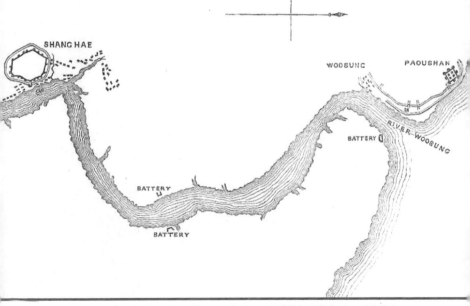

戴維斯爵士提及上海有一處繁華商業地帶，不過他的註腳是「儘管不易靠近。」（摘錄自他的著作《交戰時期及媾和以來的中國》）

上海

作為通商口岸之一，上海最鼎盛的時候其重要性與規模都遠超其他口岸。既有與其他口岸一樣的共性，在某些方面又有自己的優勢。上海擁有如此規模巨大而又密集的商業活動，任何一個通商口岸，實際上任何一個中國城市都比不上的。上海是集工業、金融和商業於一體的。近一半的中國貿易都要經過上海，同時上海也是主要製造業中心；中國中部和北部貿易賴以運轉的信貸樞紐，在上海的金庫裡貯藏大量白銀，用作銀行發行貨幣的儲備金。

拋開作為通商口岸的歷史，從更長遠的時間跨度上看上海，發現這座城市擁有的地利優勢：黃浦江繞城而過，滾滾長江由此滙入東海，上海至少從十一世

225

十八世紀初上海廣闊碼頭的速寫,此時歐洲人還未到來。

紀起就是一個重要的港口了。上海連同它的腹地都是依長江而建,上百萬年的河流造就了這片巨大而肥沃的沖積平原。眾多繁華的城市迅速興起,周圍的陸地變得非常平坦,巨大而高效率的運河與內河水系將眾多城市連接在一起。這個地區早在十三世紀就開始棉花的商業種植,這片富饒的土地上出產的棉花和其他農產品,都從上海港運送至帝國的其他地區。

早在歐洲人到來以前,這裡的棉花、絲綢、茶葉等貿易量就已經相當龐大了。密密麻麻的桅杆擠滿了河面,帆船數量達到四千餘艘,南方來的船隻最遠只允許到達這裡,早期的上海是作為貨物轉運中心而發展起來的。作為通商口岸,上海和香港的歷史不相上下;但後者是從一無所有發展成世界級港口。早在成為條約港口之前,上海就是一座相當重要的貿易城市了。但是成功來之不易,上海距離日本最南端只有八百公里,數百年來一直為日本海盜所覬覦、屢遭掠劫。為了防止「倭寇」的入侵,1554 年上海修建了堅

固城牆，城牆直到 1912 年才被推倒，中國人認為城牆象徵上海的殖民地時代，與現代化格格不入。

上海後來居上，取代了寧波。南邊的寧波由於在行政等級較上海為高，一直是中國同日本、韓國雙邊合法貿易的中心。在 1842 年之前的半個世紀裡，上海的重要性漸漸超過了寧波。具有諷刺意味的是，首先是寧波商人移居到上海，將上海的發展潛力開發出來的。第一次記載有英國船隻訪問上海是 1832 年，那時一艘怡和洋行的快速帆船和一艘東印度公司的船隻，來到這裡進行實地考察貿易的可行性，這與下一批來訪的外國船隻的目的完全不同。1842 年，英國人佔領了這座城市，並北上強迫清朝皇帝開放中國口岸對外貿易。1843 年 11 月 17 日《南京條約》的簽署，上海隨之宣佈為開放口岸，第一任英國領事喬治·巴富爾（George Balfour）隨即抵達，好奇的中國人紛紛前來圍觀這位陌生人和他的隨從。

包括巴富爾在內的第一批外國人到達上海後，他們在城內租了房子，但是發現這裡既不安靜，也不整潔衛生。這是一片近一千米荒涼的河灘，夾在蘇州河和臭氣熏天的洋涇浜（後來被填埋，改名為愛德華七世大道）之間，與城市毗鄰。巴富爾於是同地方最高長官道台進行談判，要求為外國人另選一個居住地方。1845 年，中國政府同意批准一片五十公頃的土

用以分隔國際租界和法租界的運河。華特斯畫廊藏。

地，中英聯合起草了一份土地條例。可是，土地的西邊邊界模糊不清，但外國人卻被允許最多可以在內陸待半天時間。1849年法國人到這裡時，他們沒理會那片土地，而是同中國談判要求擁有自己的租界，硬要在城牆與英國人聚居地之間擠出一塊土地。英國領事館遷到了協議土地的最北端，並在河灘圈出了一些商業土地進行土地拍賣。高低不平的河道被修整了，變成了標誌性的外灘。

　　中標者在最初的土地上建了一系列新穎歐式建築，它們有：顛地洋行，即上海的寶順洋行：托馬

約1850年時的外灘全景，一場划船比賽正在進行中，佚名中國畫家繪的油畫。馬丁‧格里高里畫廊藏。

斯‧比爾曾與渣甸洋行並肩工作，未幾離開了。他更同時擔任普魯士和葡萄牙領事，以及荷蘭駐上海的副領事。怡和洋行：渣甸爭取到了第一號的土地，緊鄰英國領事館。洋行最初的主要貿易是鴉片，在十九世紀六十年代，業務轉向了土地、保險和船運。旗昌洋行：1866 年安裝了中國第一條電纜，貫穿整個租界，1867 年組建了上海輪船運輸公司。老沙遜洋行和新沙遜洋行：沙遜家族是來自巴格達的猶太人，於 1829 年被迫逃往孟買，在那裡開展鴉片和棉花貿易，業務後來擴展至廣州，但是上海才是他們發跡的地方，自然而然地，伊利亞斯‧沙遜（Elias Sassom）在 1850 年將上海作為基地。在十九世紀七十年代，同其他猶太和巴斯洋行一起掌控了上海的鴉片貿易。他也幫助其他猶太商人在此創辦洋行，比如哈同和嘉道理。

上海沒有同歐洲人打交道的經驗，也不熟悉他們的習慣，所以第一批房子是在香港預製，船運來滬，並且由廣州工人負責搭建的。隨着歐洲商業在上

海的開展，洋行買辦大都來自廣州，皆因廣州富有與外商溝通的經驗。直到二十世紀早期，廣州買辦擅長的茶葉貿易步向衰落，來自鄰省江蘇和浙江的買辦嶄露頭角，反映了絲綢出口貿易的重要性，因為這兩個省份均是以出產絲綢而聞名於世的。

上海開埠通商的第一年，有四十四艘商船來訪，外國人數量保持在二十三名。到了 1848 年年底，有二十五棟私人宅邸、一座小教堂、一間俱樂部、一個跑馬場、一座公墓、一家酒店和一座公共花園——這片聚居區相當擁擠。這一年，租界面積又擴大到一百三十四公頃，蘇州河對面的虹口也開放了一片美國人的租界。另外，法租界佔地六十六公頃。在之後的五年，外國人的數量幾乎達到了二百，包括十四名女士。上海的名聲一炮打響。到 1850 年，上海已取代

1885 年，貝克（L.M. Becker）繪製的上海地圖，可見當時已相當發達。華特斯畫廊藏。

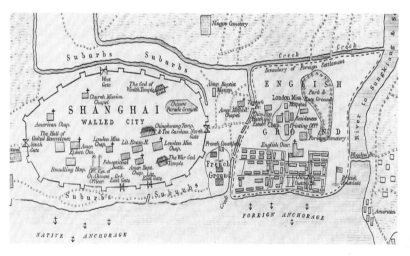

廣州成為外國貿易中心，儘管後者已經有三百年的外貿歷史；現在上海掌控了中國一半的茶葉出口和四分之三的絲綢出口。那些年裡，廣州終究沒有習慣外國人的存在。北方的暴發戶上海則沒有這方面的顧慮，外國人沒有在上海感到在廣州遭遇到的排外情緒。

上文回顧了這座通商口岸的規模，但上海的發展離不開急劇膨脹的難民人口。這一切都得從 1853 年說起，當時叛亂者威脅上海，鄉村集結了兇殘的太平軍，城裡活躍着小刀會成員。騷亂導致大量人口逃向外國租界以尋求庇護，中國的難民在接下來的一個多世紀裡似乎一直是這樣做的。到 1860 年，太平天國佔領了上海周邊所有鄉村，開始向東進軍上海。五十萬難民一下子湧進這個新建的租界，使上海變成一個避難所。太平軍還從另一方面改變了租界的特徵。儘管這裡是歐洲人的專屬區，中國人的數量已經佔絕大多數。在世紀之交，95% 人口是中國人，而他們亦擁有 90% 的土地。許多中國移民來自江蘇和浙江的地主或上層社會，有實力投資商業。他們相信在外國國旗的保護下，資本會越發安全。

太平軍的騷亂還在第三個方面改變了租界的性質。城裡小刀會並不構成威脅，但當清朝軍隊奉命平亂的時候，外國人反而開始擔心不守紀律的官兵會尋釁滋事、毀掉租界。租界新組建的志願軍拒絕讓清兵

進入，但卻同意接受海軍的幫助。這次騷亂讓外國人意識到自身結構性的弱點後，開始考慮成立一個新的自治組織。英國、法國和美國等條約國家的領事理論上都擁有管理的權力，但是權力背後沒有足夠的認受性。英國皇家海軍中國艦隊的基地設立在香港，是最高權力的代表，香港是英國的直屬殖民地，總督代表英國女王。但上海卻只有一個領事。此外，香港具有全套的政府架構，而《南京條約》卻沒有容許上海及其他通商口岸設立治理機構。

混亂的形勢令人不滿，迫使外國人在1854年制定一項決議，外國居民一起成立了上海公共租界工部局，並宣稱實施「自衛法律」（事實上這並沒有法律

上海志願軍的會徽。

依據），宣佈兩項權力，最終極大地影響了上海的歷史進程：一是必要時以武力保衛租界的安全；二是保持中立，禁止中國軍隊進入。這就是為什麼當中國的其他地方戰火紛飛的時候，租界區卻能夠保持和平與秩序。原因是中國人尊重這些權力，就像第七章提到的 1927 年大革命那樣。為了支持蔣介石的北伐，上海爆發了一次大罷工，共產黨也組織了一次暴動。工會並不知道蔣介石其實甚倚重上海富裕的銀行家和買辦、外國人和黑社會的支持。黑社會頭目杜月笙（外國人熟知的「杜大耳」）領導青幫在他的地頭（位於法租界內），糾集了一支武裝力量。為了鎮壓上海北部的暴亂者，杜的武裝力量需要穿過法租界。「杜大耳」為尋求工部局的允許，找來法租界警察隊長菲奧里（Monsirur Fiori），並且通過安排與該局主席費信惇（Stirling Fessenden）會面。兩者情投意合，費信惇很自然地與資本家站在一邊反對勞工，結果他的決定對於蔣介石摧毀上海的共產黨起了決定性作用。

上海公共租界工部局會旗，內裡融會十一個締約國的國旗。

233

成功拒絕清軍進入後，1854年英國、法國及美國的領事們在沒有中國代表參加的情況下，重新修訂了一系列的土地規章。為了解決一些剩餘問題，1866年又起草一些規章，這次是工部局自己制定的，為往後幾年的穩定治理奠定了一定基礎。當年納稅人在外商中選舉出八名出任工部局委員，他們須對納稅人負責，同時監督基礎福利設施的建設，以及修改法律和規則，會議由英國領事主持。

法國人則如願以償地享有完全獨立的市政委員會，委員會只對法國領事負責，而領事向位於越南河內的殖民地政府滙報工作。相比貿易交往，法國人多年以來更熱衷於宗教傳播，1875年的一次人口普查表明，法租界內的一百七十六名外國人中，竟有一百三十二名是傳教士。1863年，英國和美國的租界合併成為國際租界，成了一個既非中國人，也非殖民地的獨有實體，不隸屬於任何一個國家。

從一開始，英國人就在上海為自己建造了像家一樣舒適的環境。他們富有、事業成功、好客、縱情享樂。成立於1864年的上海俱樂部，就是早期生活的一個代表建築。跑馬場每年兩次的跑馬成為社交活動的焦點，為了保證每個人都能夠參與賽馬活動，比賽當天商業活動和銀行上午十一點就關門。無論是從事商業還是領事事宜，在上海的職位都被認為是肥缺，外國人在這

裡過着愜意的生活，不用擔心在中國其他地方發生什麼事，他們腳下的花園彷彿就是一個廣闊而未知的國度。

租界不可避免地超出中國政府原來規定的區域，經過同中國談判，花園範圍逐漸擴大。租界在 1848 年擴展了一次，1899 年再一次拓展，總面積超過二千二百五十公頃。法租界也成功地不斷擴展，儘管人口普查顯示英國人的數量多於法國人。租界向外延伸甚至超越工部局修建的所謂「外圍道路」，這條路原先用以包圍租界，以及通向城市西部和南部，均在上海公共租界工部局的管理之下。中國居民雖然通過納稅成為對租界自治政府財政最大的貢獻者，但是直到 1928 年，工部局僅設立了三名中國議員（1930 年增至五名）的席位。無論如何，同年只對歐洲人開放的公園也對中國人開放了，這消除了人們長久以來的不滿。時機選擇非常重要，這是發生在上海幾個重

1864 年的上海俱樂部。

235

要的歷史轉折點之後——中國人打出了「廢除不平等條約」的標語、1925年爆發了「五卅事件」、1927年蔣介石發動北伐革命。

「五卅事件」的影響向南方蔓延及廣州和香港。事件源於一位中國工人在棉紡織廠被一名日本工頭殺害，這名工人曾和他的同事們一起罷工要求得到更好待遇。工部局的應對措施，如果說不是傲慢那就是愚蠢。他們沒有起訴那個工頭，一週後反而逮捕了六名罷工工人。5月30日，三千多工人舉行反日遊行，示威者朝老闊警察局的方向進發，警察局專責事項的一名英國中尉可說倒霉得很，他驚恐地發現眼前聚集了大量群眾，二話不說立即命令開火射擊，結果釀成十一名示威者被槍殺，多人負傷。反日抗議隨即變成了對所有外國人的憎恨。兩天之後，大規模的罷工組織起來，並獲得香港中華總商會的授意，商會的會員巴不得看到外國競爭者受到傷害。租界當局頒佈了戒嚴令，二十六艘炮艇在黃浦江上游弋，分別由多個締約國的海軍駕駛。僵局直到工部局下令切斷工廠的電源才告打破，此時，罷工者的經費亦差不多用完。雖然還有零星的集會和公眾演講，但對租界來說，最壞的情況已經過去了。

工部局的警察主要由來自英國警官，和印度的錫克教徒；法租界則不然，當地的中國黑幫被納入偵探

1925年「五卅事件」的紀念會。

隊伍，因此法國對黑幫收取保護費的行為不聞不問。這些黑幫分子與他們歐洲上司的關係，也不同於買辦同洋行之間的關係。罪案頻發是上海之所以聲名遠播，或說聲名狼藉的原因之一。國際租界、法租界和中國人控制的區域之間的混亂司法權，讓犯罪分子趁虛而入，為他們在三個地區間不受懲罰地進行掠奪提供了機會。犯罪分子也確實這樣做。如果犯罪正好發生於三個區域中的兩個之間，執法機構不能逮捕嫌疑人。作為中國非法鴉片交易的中心，上海滋生了大城市的黑幫。黑幫分子津津樂道的名字，比如黃金榮和杜月笙雖然作惡多端一如卡幫（Al Capone），但卻披上童子軍的善良外衣。1931 年杜月笙甚至以「公共福利工作者」的身份，被選為法國自治委員會委員。

一提到鴉片，我們知道這種商品奠定了上海這座通商口岸的商業基礎。現在我們來回顧一下上海經濟的浮浮沉沉。故事再一次回到太平天國和小刀會時期，大量的中國難民，大約有五十萬人湧入外國租界，當中不少人相當富裕，有能力交付高昂租金，他們的到來為當地的中外商人提供了機會，商人們當仁不讓。稻穀被清除，水渠被填平，每一塊閒置的土地都被用來為新來的人們修建便宜的住宅。截至 1854年 7 月，總共修建了八百間房子，帶來豐厚利潤。時屆 1850 年，一公頃土地價值一百二十五英鎊之高，

1930 年代，錫克教警員負責守衛上海馬會。

及至 1862 年價格進一步飆升至五萬英鎊，上海由此變成了一座繁華都市。我們恐怕沒法將上海的房地產發展視為單獨的故事，房地產和鴉片貿易緊緊地地捆綁在一起。一個早期的例子是維克多·沙遜（Victor Sasson），他將家族做毒品生意獲得的利潤全部投放到土地上。

叛軍佔領的另一個結果是使上海的港口和對外貿易獲益很多。海關大樓被掠劫一空後，官員紛紛逃走，沒有人收稅。在道台正式批准下，英國、美國和法國的領事組建了新海關，這樣一來他們便可以按新利率收稅，再向中國政府報賬。於是，有史以來第一次，商人再也不用為關稅憂心忡忡了，北京也得到了應得的稅收。中國的主權得到了尊重，並且還有一座專業的、負責任的稅收代理機構。新政策於 1854 年7 月施行，效果立竿見影，放在今天應該被稱為「雙贏」。新政策最初只在上海實行，後來根據 1858 年《天津條約》，新政策擴展到每一個通商口岸。1861年，當時的海關總部中國海關總稅務司搬到了北平。

從一開始，海關總稅務司官員的素質就很高。最早的三位巡查員之一的威妥瑪（Thomas Wade），後來成為駐北平的英國全權公使，也是劍橋大學第一位漢語教授。1863 年，上文提到過的羅伯特·赫德掌管總稅務司，並在這個職位上幹了四十八年，他加大關稅

1685 年的海關，繪製於同年的雕版畫。華特斯畫廊藏。

的懲罰力度和專業化水平，成了在中國官場備受信任與尊敬的外國人。赫德將中國海關總稅務司看作是幫助中國實現現代化的一個動力，在他的領導下，海關服務擴展至諸多領域：航海援助、港口發展、河流保護，還有郵政（從 1896 年開始）。梅樂（F. W. Maze）在 1929 年被任命為稅務司長，引進了一條原則：除有特殊要求的職位，海關的從業人員應該是中國人。從那時起，越來越多的中國人被晉升到更高職位。1950 年 1 月，最後一任外國總稅務司長美國人李度（Lester Knox Little）辭職，將總稅務司交與中華人民共和國海關總署。

　　中國海關總稅務司一開始規模不大，但截至 1910 年，海關隊伍擴大到二萬人，其中一千四百人為外國

羅伯特‧赫德爵士（1835-1911 年）。

人。一般來說，海關員工會最先出現在新開放的通商口岸。他們大體上被分為兩類：內勤員包括專員、助理和文員；外勤員包括負責潮汐漲退的監察員、船務長和港務長。海關總稅務司管理一支有相當規模的艦隊，大部分是由英國船長統領全副武裝的船隻，這些船的存在總是一個很好的慰藉，即使遙遠的港口出現麻煩也能遠赴處理。迨至 1916 年，中國海關總稅務司管理四十一個主要港口和三十五個次級港口。

很快上海成了中國對外的門戶，位列世界最好的港口之一。這裡有發達的倉庫和保險服務，還有一座著名的天文台，位於法租界的西南部，由海關總稅務司和法國天主教會的神父共同管理。上海的現代化進程有目共睹；遺憾的是，北平看不到任何現代化的跡象，這關乎到國家的生死存亡。因循守舊、固守傳統的作風讓首都和清朝官吏們裹足不前，這種狀況持續了好一段時間。在西方思想影響下，上海這座新興城市短短幾年間的發展就成為拯救整個中國的一座熔爐。江南製造局是首批出現的工廠之一，它既是一座軍火製造廠又是一座造船廠。1872 年出現了第一家中國船運公司：李鴻章創辦的輪船招商局總共有三十艘船，提供沿海和內河的貨運、客運服務。

1861 年至 1865 年美國的獨立戰爭大大地推動上海的對外出口。世界上大部分的棉花來自美國，一旦

原料供應耗盡，就需要另找新的棉花產地。因此市場對上海出口的棉花需求量突增，棉花貿易隨之急速增長，那些有辦法做棉花出口生意的人因而發了大財。

上海的下一個挑戰來自國內。1864 年上海經歷了第一次經濟蕭條，一開始是源於對茶葉和棉花的過度投機。太平天國的威脅消失後，成千上萬的難民選擇離開上海，這使得這裡的境況雪上加霜。大規模地離開直接導致了房地產市場的崩潰，很多原本「必然成功」的廉價房屋建設工程半途而廢。倫敦一家主要的貼現銀行倒閉，國際租界內十一家銀行中有六間停止了付款，就連實力強大的顛地洋行也落得關門大吉。

然而，每一次經濟蕭條都會有結束的時候。中國商人開始投資西式洋行來實現自救。在熱衷於尋找機會的中國人眼中，上海是一個做生意非常安全的地方，因為能夠擺脫政府的干預。製造業開始慢慢發軔，李鴻章 1879 年為中國棉紡織公司制定了一項發展計劃，但是卻無法貫徹始終加以落實。實際上後來十年裡，中國的機器棉紡織業都沒有發展；不過它一旦發展，速度驚人。1894 年上海有六家工廠，還有造紙廠、造船廠和一家電報公司。

十九世紀末期，各締約國就是否允許外國人參與製造業展開了一場激烈爭論。外商聲稱條約中規定他們有權參與棉紡織業，但是中國政府一直不買賬。

李鴻章漫畫像（1823-1901年）。

中國人保護新興的民族產業心切，基於此甚至限制棉紡織機器的進口。最終事情由日本人打開缺口，日本人採用了相當野蠻的方式，1894年至1895年的中日甲午戰爭隨着《馬關條約》的簽署而平息，其中一項條款便是允許日本在所有通商口岸參與棉紡織。贏得了這項特權後，日本人沒有急於使用。但是在「片面最惠國待遇」條款下，反而其他締約國很快採取了行動。1895年，四座新建的棉紡織洋行在上海創立：三家英資和一家德資。這使得房地產迎來了新一輪的快速發展——土地價格比前幾年高出了一半到一倍，尤其是大量國內資本的湧入。

此時，許多外國洋行持續進入上海，比如：英美煙草公司：帝國煙草公司（Imperial Tobacco）和美國煙草公司（American Tobacco）（兩家曾經是競爭對手）於1902年合併成立的公司。卡內門（Brunner

兩個上海棉線製造商的商標。

1912年，外灘開通了一條新的有軌電車路線。沙里亞．基托（Shelia M. Kitto）攝。

Mond & Co）：1899 年成立於上海，1926 年併入日本帝國化工。他們通過考察本地市場和內地工業，評定客戶的實際需求，而大獲成功。太古洋行：從事茶葉、絲綢和棉花貿易，後來涉足船舶運輸業，是藍煙囪輪船公司的代理。正廣和洋行（Caldbeck MacGregon & Co）：成立於 1864 年，後來成為遠東最大的紅酒和白酒進口商，在中國口岸各處都設有分行。天祥洋行（Dodwell & Co）：1858 年於上海成立，1872 年成為繼怡和洋行和太古洋行後，最大的船舶運輸和茶葉出口公司，後來貿易集中在船舶運輸上。哈同洋行（S. A. Hardoon & Co）：賽拉斯・哈同（Silas Hardoon）是老沙遜洋行位於孟買的看守員，1867 年晉升為該行位於上海的總管。二十世紀二十年代，坐擁一億五千萬美元的財產，是上海最富有的外國人，同時也在國際租界和法租界的市政委員會中擁有席位。美孚行：一位中國顧客發現錫罐更有用處後，就把罐內的煤油倒入了下水道，促使該行研發低成本的燈，這樣人們就願意買他們的產品了。

　　上海得益於這些洋行，成為中國中部和北方通商口岸的中心。的洋行招聘的職員被稱為「鷹頭獅」（意思是非常厲害），因為他們將被派往鄉村之前的一年裡，得率先在上海開辦自己的業務。他們很可能在接下來的二十年裡，從一個小型外港走到另一個，而

正廣和洋行於 1924 年刊登的一則廣告。

希望最終能夠回到大城市，並獲晉升重要職位。即使最沒有經驗的新手，工資收入足以讓他們享有比在家鄉時更舒適的生活；他們還擁有自己的僕人，享有參與俱樂部、舞會、賽馬和賽艇的機會。

直至 1932 年，第一次世界大戰爆發為上海帶來了一次飛速發展的機會。隨着歐洲，之後是美國的工廠全部投入到戰爭中，中國工廠逐漸成為了世界車間，提供別的地方不再生產的東西，上海就是那些貨

The French Bund, French Concession, Shanghai, China.

1912 年，法國外灘上的蒸汽船。沙里亞‧基托提供。

1920 年代的外灘，佈滿了許多通往河流而東歪西倒的跳板。

244

物必經的港口。中國企業家中的百萬富翁開始誕生，出現了生產紡織品、麵粉、水泥、食品罐頭和其他輕工業產品的大企業。因為沒有海外競爭，中國的工廠不斷擴大。也是從這個時期起，中國現代銀行開始伴隨「錢莊」出現。寧波人就非常善於經營「錢莊」——中國傳統銀行。由於公共租界內的上海證券交易所，只處理外國股票，還專門成立了為中國公司服務的上海證券產品交易所。有見及此，其他公司見狀紛紛仿效，類似的公司達到了至少一百四十家，投機活動變得流行，這預示災難即將到來。

財富依然在增長，開始在各個方面顯露出來。本地人開始穿上西式服裝，而且非常得體。在南京路上的先施百貨公司或者永安百貨購物，成為新興的消遣活動，這條路在當時和現在都是上海非常著名的購物街，路上有高檔商店賣絲綢、象牙、玉石、黃金、瓷器和其他古董，這裡還有餐廳和茶坊為疲勞的購物者提供休息之所。相鄰的福州路是當時娛樂中心，這裡有劇院、鴉片館、賭場和妓院。大華酒店和浦江飯店成為了社交聚會的流行場所，在那裡中國人第一次和西方人平起平坐。沿靜安寺路，有大約五百座大宅，都是中國人和歐洲人的豪華居所，中國人很快在財富和奢華方面超越了歐洲人。從二十世紀二十年代開始，電影業開始興旺，同好萊塢一樣，上海造就了

浦江飯店的宴會廳。祺力高攝。

SHANGHAI
• • • •
ASTOR HOUSE HOTEL
(200 rooms with bath)
Tel. Address: "Astor"

PALACE HOTEL
(150 rooms with bath)
Tel. Address: "Palace"

• • • •

The two Hotels in Shanghai which enjoy
a world wide reputation for comfort, cuisine
and service.

Daily rates from Mex. $10.00 and upwards
(inclusive). Monthly terms quoted on
application.

THE HONGKONG & SHANGHAI HOTELS, LTD.

注意 1934 年浦江飯店的房價是以墨西哥幣計算的。

一批閃耀的明星和茶餘飯後的話題。

從 1910 年到 1930 年，上海人口翻了三倍，達到了三百萬。似曾相識，大規模的湧入者大都是貧農，他們被大城市的魅力和發家致富的夢想深深吸引。少數幸運者可以住在偏離主要街道弄堂裡的二至三層高建築，那些里弄的台階至今還在。相對而言，大部分難民都住在貧民窟，無獨有偶他們的工作環境也並不比居住環境為佳。男人、女人和孩子長時間的工作，可工資異常低，且工作條件甚為惡劣。由於絲綢工廠要求保持空氣靜止，工廠沒有安裝窗戶和任何通風設施，某次由於工廠唯一的大門從外面鎖上，一百名女工不幸葬身火海。1921 年，英美煙草公司一萬名員工終於按捺不住發起罷工，要求更高工資和更好的待遇。

二十世紀三十年代早期，來上海定居的日本人數量是英國人的三倍，他們大多數住在虹口，那裡被稱為「小東京」。中日甲午戰爭後，日本人將他們的興趣轉移到公共租界。因為公共租界同樣享受所有的「片面最惠國待遇」所賦予的特權，比如可以在租界內駐守軍隊。但是日本人的行為卻同其他締約國不同，他們於 1931 年大舉入侵東北。上海有如此大量的日本人，同時他們又是合法的締約國，這成為了憂慮不斷的來源之一，而且這不僅僅是中國人的憂慮。

246

1932年情況無可避免地發生了，中國管轄範圍內的閘北發生了一件事：日本僧人在舉行宗教儀式過程中，有一名僧人被中國人殺害，激發日本人施以報復，中國人頓時掀起一場罷買日貨的抵制行動。日本首席領事要求在十天之內逮捕罪犯，並結束抵制。雖然，上海市長接受了日本人提出的一切要求，但是日本人仍然繼續進攻。令日本人意外的是，中國人的抵抗是如斯頑強，日本人足足用了五個星期才打垮中國人的意志。在此期間，日本人於是要求停泊在黃浦江上艦隊的飛機進行空炸，最終閘北85%的地方變成了廢墟。

當上海的一個郊區瞬間被夷為平地時，英國考文垂（Coventry）和德國德累斯頓（Dresden）竟然開始建立繁華的國際中心，分別蓋起了一棟至今仍然為城標的大樓。公寓生活的體驗漸漸取代了建立大宅的需求，這些公寓配備空調、電梯和一切現代設施。維克多·沙遜是主要策劃人，出身於早期的上海沙遜家族，維克多很快就較他著名的祖先們還富有，開始着手炒賣土地，包括塞拉斯·哈同在1931年去世時留下的房產。他還修建了很多豪華大樓，許多至今還在，如蘇州河附近的上海大廈和河濱公寓的建立，在法租界的華懋公寓和峻嶺寄廬，還有位於當時公共租界內的都城飯店和漢彌爾登大樓。當中最值得誇耀的是外灘的華懋公寓和沙遜大廈。

百老滙大樓（左）和錦江貴
賓樓（右）。祺力高攝。

採用新藝術裝飾風格的新
城飯店天窗。祺力高攝。

漢彌爾登大樓。祺力高攝。

當世界的其他地方都在經歷大蕭條，上海卻很
難發現這種跡象。這座城市的四萬八千名外國人知道
他們居住在世界上最好的城市裡，他們明白這些海市
蜃樓早晚有一天會消失。如果至今還沒有什麼事情
發生的話，那麼 1937 年 8 月 12 日，二十六艘日本戰
船在黃浦江上游弋，顯然預示壞事情即將發生。不
過，這次不幸卻不是日本人直接造成的。8 月 14 日，
中國空軍試圖空襲日本旗艦「出雲號」，但由於經驗
不足，他們慌張地將炸彈誤投在公共租界內，做成
七百二十九個人喪生，八百六十一人受傷。當天晚些
時候，另外一架轟炸機又將炸彈誤投到法租界內，釀
成一千零一十一人喪生，五百七十人受傷。日本人藉
機擴充軍隊力量，數量達到了二十萬，難民潮又一次
從周邊湧入租界。

即使最頑固的樂觀主義者此時也明白這一切行
將結束；儘管租界努力恢復曾經擁有的正常生活，

外白渡橋上駐紮的日本憲兵卻讓人很難視而不見，他們就駐紮在外灘的北端。行人和車輛被允許從這裡通過，但是中國人卻必需鞠躬始可通行，甚至連接載外國人的中國司機也要這樣。1941 年 12 月 8 日，在珍珠港被襲擊的同一天，所有的外交官都被召集在一起，並被送往了上海總稅務司大樓。在那裡他們被告知，租界被日本人佔領了，日本人禮貌地要求他們按照以前一樣行事，當然，他們已經沒法做到了。

現在那裡還有什麼？

上海留有太多通商口岸時期的遺址，在這裡只能挑選一些。舊城牆的形狀現在還能夠辨識出來，儘管只有一小段城牆還被保留，旨在吸引遊客。在舊城裡面，還有很多重要的遺址，包括著名的豫園、湖心亭茶館、城隍廟，這些基本上在英國人於 1842 年入侵時用作總部。

（左）夜幕低垂下的滙豐銀行大樓和海關大樓。祺力高攝。

（右）海關大樓和《字林西報》大樓。祺力高攝。

通商口岸時期最主要的歷史財富都集中在外灘沿岸。從興建於 1873 年位於外灘北端的英國領事館，與 1882 年落成而接鄰的住宅大樓，再到南邊的上海俱樂部（那裡現在是華爾道夫酒店），其間許多宏偉的建築都被高標準地重建了。其中，字林西報報社大樓曾經租給美商友邦人壽（AIA），恰好是其戰前其中一名租客。滙豐銀行被批准恢復其原來的富麗堂皇，但條件卻無法令人接受。然而，這座建築也給重建成原來輝煌的樣子，原來的銀行大廳的華美程度，足以令人看後屏息靜氣。唯一一座十九世紀五十到六十年代留下來的建築是旗昌洋行舊址，就在滙豐銀行對面，但是由於經過多重改造，現在已經很難辨認了。

　　從外灘到內陸的三、四條街道，散落着許多二十世紀三十年代甚至更早的建築，包括維克多·沙遜的作品。前皇家亞洲學會大樓仍屹立在原地，只不過已經空置了。莊嚴的工部局大樓現在仍然被市政府使用，附近的一條街上還留下一個地下水道出入孔，上面刻上字母 SMC。而前上海跑馬俱樂部的多座塔樓，仍然聳立在跑馬場舊址，前跑馬場現在則用作人民廣場。新維修的外白渡橋是工部局的一塊遺產，橫跨蘇州河兩岸，並延伸到一群地標性建築附近。1924 年修建的、宏偉的中央郵局還在使用，那裡還有一座有意思的郵政博物館。再往東一些，便是上海大廈（1934 年），俄

唯一幸存的上海公共租界工部局鋪設的地下水道出入孔蓋。祺力高攝。

羅斯領事館（1917年，現在還作此用）和浦江飯店。後者沒有保留多少1860年時的原貌，而僅見的剩餘部分都是1911年重修時的模樣。

　　離開市中心稍遠的地方有多座漂亮房子，傲立在它們自己的花園裡，其中包括維克多·沙遜、亨利·莫理斯（Henry E. Morris）（《字林西報》的員工）、伊利克·馬勒（Eric Moller）和嘉道理等人興建的大宅。

這家宏偉大宅是《字林西報》老闆莫理斯（H. E. Morriss）修建的。祺力高攝。

法租界內，太古洋行大班那曾經富麗堂皇的大宅，現在是一家國有賓館，這座「上海唯一的紳士酒店」是為了同怡和洋行大班亨利·凱瑟克（Henry Keswick）的豪華大宅競逐而建，後者位於虹橋郊區的房子早已隨時間而消逝。法國人留下多所大教堂（徐家滙的教堂）和學校（南昌路上的法國市政學校），但少有恢弘的商業大樓。其中一家是法屬外灘上的前法蘭西火船公司辦公室；上海那獨有的歷史正哀嘆着室內的裝修或曾經遭受到的破壞，因為現在那裡正用作上海市檔案館。法國電車和電力公司，曾幾何時是最大的法國投資，它以前那為其董事們興築的壯觀大宅，依然令人難以忘懷，現在那裡是汾陽路上的上海工藝美術研究所。董事們曾經到來打網球和跳舞的法國體育俱樂部，現在不再是俱樂部了，而是改建為日資酒店。只能希望，隨着城市再度興旺，這些漂亮的建築能被上海新生的富有企業家們保留並珍而重之。

鳴謝

這本書的誕生着實經歷了一段超乎尋常的旅程，其一是有很多人參與。事情始於多年前問教於菲利普・布魯斯（Philip Bruce）如何撰寫一本有關條約港的書，他着我先行備置一個「鞋盒」，但凡與題目相關的都放入內。聽罷，我頓即着手收集資料，未幾盒子便給填滿了，當中得感謝菲利普給我送來大批寶貴資料。不經不覺就這樣過了十五年，盒子越來越大，早由小盒子搖身一變為文件櫃，甚至長達數呎的書櫃。

接着當然不得不提潘鬘。2007年吃除夕大餐時，鬘漫不經心地問我，如果未來沒有任何事情佔用我的時間的話，我打算做什麼？當我告之希望寫本條約港的書後，事情進展神速。接下來我被介紹給潘翎，一位非常好且處處幫忙我的編輯，之後便是三聯書店的李安，未幾一份出版合約放在眼前。若然沒有上述各位的襄助，此書是不可能出版的，感謝大家！

自此之後，我就徘徊於遊歷與寫作之間，幸而每趟（次數不少）到訪中國內地均有相交多年的摯友祺力高（Nick Kitto）作伴，好使旅程得以在一個歡愉、有建設性、互相支持的氛圍下度過。力高除了與我一樣對有關題目着迷外，他還耐心地踏遍滿佈泥濘

及偏僻的巷子，拍下一幀幀的精彩照片，讓讀者可以看到今天的模樣。

當然，還得感謝很多在過程中給予寶貴建議、評語及照片的朋友，包括瓦萊里・加勒特、高添強、喬納森・華特斯（Jonathan Wattis）、夏洛特・布萊斯戴爾（Charlotte Bleasdale）和太古檔案、張建國和威海市檔案局、博納・夏沛羅古書店的羅倫・貝爾格雷夫（Roland Belgrave）、派翠克・康納（Patrick Conner）和馬丁・格里高、丹尼斯・威（Dennis Way）、的勤洋行的加咸・洛斯（Graham Ross）、香港上海滙豐銀行的海倫・斯溫納頓（Helen Swinnerton）和麥夫・愛默森（Mathew Edmondson）、哥連・戴（Colin Day）和澳門文化局、史奧娜・艾爾利（Shiona Airlie）、香港海事博物館的史提芬・戴維斯和鄧夢茵、彼得・希巴德（Peter Hibbard）、香港大學圖書館和陳麗業、彼得・坎尼伊（Peter Cunich）、此圖畫畫廊的克里斯・貝利（Chris Bailey），還有亞當・威廉斯（Adam Williams）和怡和洋行有限公司。

長長的名單，總仍有遺漏，對此十分抱歉。因此，謹在此鳴謝在過去日子裡，認識我而又不時問及「書的進展如何？」的朋友。最後得趁此機會，將本書獻給我最重要的「粉絲」及最忠實的支持者——太座陳晶兒。

圖片授權聲明

　　本書刊登之圖片已獲特別授權使用，並在圖片說明中標明版權人。沒有標明來源的圖片均來自於作者收藏或不再受著作權保護的作品。 關於英國太古洋行的早期照片均由喬治‧華倫‧斯懷爾（George Warren Swire）在二十世紀初拍攝。上述圖片以及更多同類圖片可在布里斯托大學人文學院歷史圖片項目的網站上找到：http://chp.ish-lyon.cnrs.fr/。

　　對使用權可能存疑的圖片，本書作者已盡其可能地與版權所有人進行聯絡。如讀者發現有任何遺漏或錯誤，請告知出版商，作者將在再版時欣然改正。

參考書目

Abend, Hallett, *My Life in China, 1926-1941* (New York, Harcourt, Brace & Co, 1943)

Abend, Hallett, *The God from the West* (New York, Doubleday & Co, 1947)

Abend, Hallett, *Treaty Ports* (New York, Doubleday, Doran, 1944)

Airlie, Shiona, *Thistle and Bamboo: The Life of Sir James Stewart Lockhart* (Hong Kong, Oxford University Press, 1989)

Archer, CS, *China Servant* (London, Collins, 1946)

Atwell, Pamela, *British Mandarins and Chinese Reformers* (Hong Kong, Oxford University Press, 1985)

Attwater, Rachel, *Adam Schall: A Jesuit at the Court of China, 1592-1666*, London, Geoffrey Chapman, 1963

Ball, J. Dyer, *Things Chinese* (Hong Kong, Kelly & Walsh, 1903)

Bard, Solomon, 'Tea and Opium' (*Journal of the Royal Asiatic Society, Hong Kong Branch*, Vol 40, Hong Kong, 2001)

Bard, Solomon, *Traders of Hong Kong: Some Foreign Merchant Houses, 1841-1899* (Hong Kong, Urban Council, 1993)

Bernard, W. D., *Narrative of the Voyages and Services of the Nemesis* (London, Henry Colburn, 1844)

Bickers, Robert, *Britain in China* (Manchester, Manchester University Press, 1999)

Bird, Isabella, *The Golden Chersonese and the Way Thither* (London, John Murray, 1883)

Bird, Isabella, *The Yangtze Valley and Beyond* (London, John Murray, 1899; reprinted London, Virago, 1985)

Blue, Archibald Duncan, *The China Coast: A Study of British Shipping in Chinese Waters 1842-1914* (PhD thesis, Glasgow, University of Strathclyde, 1982)

Bonteko, Willem Ysbrantsz, 'Voyage through the South China Sea, 1622' (*Macau Review of Culture*, Instituto Cultural, Macau, Vol 12, Oct 2004)

Boxer, C. R., *Seventeenth Century Macau* (Hong Kong, Heinemann, 1984)

Braga, J. M., *China Landfall, 1513* (Macau, Imprensa Nacional, 1955)

Braga, J. M., *The Western Pioneers and their Discovery of Macao* (Macau, Imprensa Nacional, 1949)

Bridge, Robin, 'The British Invasion and Occupation of the Philippines, October 1762 to April 1764' (*Journal of the Royal Asiatic Society, Hong Kong Branch*, Vol 48, Hong Kong, 2008

Brown, William, *Discover Gulangyu* (Xiamen, Xiamen University Press, 2005)

Bruner, K., Fairbank, J. K., and Smith, R. J. (eds.), *Entering China's Service: Robert Hart's Journals 1854-1863* (Cambridge and London, Harvard University Press, 1986)

Carioti, Patrizia, 'The 1622 Dutch Attempt to Conquer Macao' in *Macau Review of Culture*, Instituto Cultural, Macau, Vol 15, July 2005, pp. 123-135

Cautherley, George, *200 Years of China Trade – Perspectives from the Fifth Generation* (Presentation to the Royal Asiatic Society, Hong Kong Branch, 16 January 2009)

China Proper (Naval Intelligence Division, 1945)

Coates, Austin, *A Macao Narrative* (Hong Kong, Heinemann, 1978)

Coates, Austin, *China Races* (Hong Kong, Oxford University Press, 1983)

Coates, Austin, *Prelude to Hongkong* (London, Routledge & Kegan Paul, 1966)

Coates, P. D., *The China Consuls: British Consular Officers, 1843-1943* (Hong Kong, Oxford University Press, 1988)

Collis, Maurice, *The Land of the Great Image* (London, Faber & Faber, 1946)

Collis, Maurice, *Wayfoong: The Hongkong and Shanghai Banking Corporation* (London, Faber & Faber, 1965)

Conner, Patrick, *The Hongs of Canton* (London, English Art Books, 2009)

Cook, Christopher, *The Lion and the Dragon: British Voices from the China Coast* (London, Elm Tree Books, 1985)

Costin, WC, *Great Britain and China 1833-1860* (London, Oxford University Press, 1937; 2nd Edition 1968)

Couling, Samuel, *Encyclopaedia Sinica* (London, Humphrey Milford, 1917; reprinted Hong Kong, Oxford University Press, 1983)

Courtauld, Caroline and Holdsworth, May, *The Hong Kong Story* (Hong Kong, Oxford University Press, 1997)

Cox, Kenneth, *The First Hundred Years: The History of the Foochow Lodge* (Hong Kong, Libra Press, 1981)

Cranmer-Byng, J. L., 'Incident between Hong Merchants and the Supercargoes of the British East India Company in Canton, 1811' (*Journal of the Royal Asiatic Society, Hong Kong Branch*, Vol 15, Hong Kong, 1975)

Crow, Carl, *Foreign Devils in the Flowery Kingdom* (London and New York, Harper, 1940; reprinted Hong Kong, China Economic Review Publishing, 2007)

Crow, Carl, *Handbook for China* (Shanghai, Carl Crow, 1921; 3rd edition)

Dean, Britten, *China and Great Britain: The*

257

Diplomacy of Commercial Relations 1860-1864 (Harvard University, East Asian Research Center, 1974

Dong, Stella, *Shanghai 1842-1949: The Rise and Fall of a Decadent City* (New York, Harper Collins, 2000)

Douglas, Rev Carstairs, *Notes on the Identity of Zayton* (Proceedings of the Royal Geographical Society, London, 1874)

Drage, Charles, *Taikoo* (London, Constable, 1970)

Earnshaw, Graham, *Tales of Old Shanghai* (Hong Kong, Earnshaw Books, 2008)

Endacott, G. B. and Hinton, A., *Fragrant Harbour* (Hong Kong, Oxford University Press, 1962)

Ellis, Henry, *Journal of the Proceedings of the Late Embassy to China* (London, John Murray, 1818)

Fairbank, J. K., *Trade and Diplomacy on the China Coast* (Cambridge, Harvard University Press, 1953; reprinted Stanford, Stanford University Press, 1969)

Fairbank, J. K., Bruner, K. F. and Matheson, E. M. (ed.), *The IG in Peking: Letters of Robert Hart, 1868-1907* (Cambridge, Mass, Harvard University Press, 1975)

Farrington, Anthony, 'A New Source for Chinese Trade to Japan in the Seventeenth Century' (*Journal of the Royal Asiatic Society, Hong Kong Branch*, Vol 25, Hong Kong, 1985)

Fieldhouse, D. K., *The Colonial Empires from the Eighteenth Century* (New York, Delta, 1965)

Fortune, Robert, *Three Years' Wandering – in China* (London, John Murray, 1847)

Foster, Sir William, *England's Quest of Eastern Trade* (London, A&C Black, 1933)

Ganse, Shirley, *Chinese Porcelain – An Export to the World* (Hong Kong, Joint Publishing, 2008)

Garrett, Valery M., *Heaven is High, the Emperor*

Far Away (Hong Kong, Oxford University Press, 2002)

Gilbert, Rodney, *The Unequal Treaties: China and the Foreigner* (London, John Murray, 1929)

Gordon-Cummings, Constance, *Wanderings in China* (Edinburgh & London, William Blackwood, 1888)

Grantham, Alexander E., *Hills of Blue* (London, Methuen, 1927)

Greenberg, Michael, *British Trade and the Opening of China, 1800-1842* (Cambridge, Cambridge University Press, 1951; reprinted 1969)

Haan, JH, 'Origin and Development of the Political System in the Shanghai International Settlement' (*Journal of the Royal Asiatic Society, Hong Kong Branch*, Vol 22, Hong Kong, 1982)

Hacker, Arthur, *China Illustrated: Western Views of the Middle Kingdom* (Singapore, Tuttle, 2004)

Haffner, Christopher, *Amoy: The Port and the Lodge* (Hong Kong, The Corinthian Lodge of Amoy, 1978)

Halcombe, Charles H, *The Mystic Flowery Land* (London, Luzac & Co, 1896)

Hao Yen-p'ing, *The Comprador in Nineteenth-century China: Bridge between East and West* (Harvard, East Asian Research Center, 1971)

Hase, Patrick, 'In the Beginning: The Development of the Area West of Pottinger Street' in Veronica Pearson and Ko Tim-keung (eds.), *A Sense of Place* (Hong Kong, Joint Publishing, 2008)

Hayes, James, 'Canton Symposium: The World of the Old China Trade: The Locales and the People' (*Journal of the Royal Asiatic Society, Hong Kong Branch*, Vol 43, Hong Kong, 2003)

Hayes, James, 'Fertile and Fortunate: Shanghai before the Treaty Port Era' (*Journal of the Royal Asiatic Society, Hong Kong Branch*, Vol 48, Hong

Kong, 2008)

Hayes, James, 'That Singular and Hitherto Almost Unknown Country: Opinions on China, the Chinese and the "Opium War" among British Naval and Military Officers who Served During Hostilities There' (*Journal of the Royal Asiatic Society, Hong Kong Branch*, Vol 39, Hong Kong, 2001)

Hewlett, Meyrick, *Forty Years in China* (London, Macmillan, 1943)

Hibbert, Christopher, *The Dragon Wakes: China and the West, 1793-1911* (London, Longman, 1970)

Hughes, George, *Amoy and the Surrounding Districts* (Hong Kong, De Souza, 1872)

Hunter, William C, *An American in Canton* (Hong Kong, Derwent, 1994; previously as two books in 1882 and 1855)

Hunter, William C, 'Journal of Occurrences at Canton' (*Journal of the Royal Asiatic Society, Hong Kong Branch*, Vol 4, Hong Kong, 1964)

Hurd, Douglas, *The Arrow War: An Anglo-Chinese Confusion* (London, Collins, 1967)

Hutcheon, Robin, T*he Merchants of Shameen: The Story of Deacon & Co.* (Hong Kong, Deacon & Co. Ltd., 1990)

Johnston, Tess and Erh, Deke, *Far from Home: Western Architecture in China's Northern Treaty Ports* (Hong Kong, Old China Hand Press, 1996)

Johnston, Tess and Erh, Deke, *Near to Heaven: Western Architecture in China's Old Summer Resorts* (Hong Kong, Old China Hand Press, 1994)

Johnston, Tess and Erh, Deke, *The Last Colonies: Western Architecture in China's Southern Treaty Ports* (Hong Kong, Old China Hand Press, 1997)

Keay, John, *The Honourable Company A History of the English East India Company* (New York, Macmillan, 1991)

Kerr, Dr John, *The Canton Guide* (Hong Kong, Kelly & Walsh, 1891; 5th edition)

Kwong, Luke SK, 'The Chinese Maritime Customs Remembered' (*Journal of the Royal Asiatic Society, Hong Kong Branch*, Vol 19, Hong Kong, 1979)

Lanning, G, and Couling, S., *The History of Shanghai* (Shanghai, Kelly & Walsh for the Shanghai Municipal Council, 1921)

Le Pichon, Alain, *China Trade and Empire* (Oxford, Oxford University Press, 2006)

Lee, Edward Bing-shuey, *Modern Canton* (Shanghai, The Mercury Press, 1936

Legarda, Benito, *After the Galleons* (Manila, Ateneo de Manila University Press, 1999)

Legarda, Benito, *The Manila Galleon: Asia's First Link with America* (Presentation to the Royal Asiatic Society, Hong Kong Branch, 6 March 2009)

Leibo, Steven A, 'Not so Calm an Administration: The Anglo-French Occupation of Canton, 1858-1861' (*Journal of the Royal Asiatic Society, Hong Kong Branch*, Vol 28, Hong Kong, 1990)

Liu Kwang-ching, *Anglo-American Steamship Rivalry in China: 1862-1874* (Cambridge, Mass, Harvard University Press, 1962)

Ljungstedt, Anders, *An Historical Sketch of the Portuguese Settlements in China and of the Roman Catholic Church and Mission on China & Description of the City of Canton* (Boston, James Munroe & Co, 1836; reprinted Hong Kong, Viking, 1992)

Lo Hui-min and Bryant, Helen, *British Diplomatic and Consular Establishments in China: 1793-1949 II: Consular Establishments 1843-1949* (Taipei, SMC Publishing Inc, 1988)

Loureiro, Rui Manuel, 'European Encounters and Clashes in the South China Sea, II' in *Macau Review of Culture*, Macau, Vol 12, October 2004, pp. 7-164

Lowe, K.J.P., 'Hong Kong, 26 January 1841: Hoisting the Flag Revisited' (*Journal of the Royal*

Asiatic Society, Hong Kong Branch, Vol 29, Hong Kong, 1991)

Lubbock, Basil, *The Opium Clippers* (Glasgow, Brown, Son & Ferguson, 1933)

Lunt, Carroll, *Some Builders of Treaty Port China* (Los Angeles, privately printed, 1965)

Matelief, de Jonge Cornelis, 'Voyage to the China Coast, 1607' in *Macau Review of Culture*, Macau, Vol 12, October 2004, pp. 77-80

Matignon, Jean-Jacques, *Superstition, Crime and Misery in China* (Lyons, 1899)

Maugham, W Somerset, *On a Chinese Screen* (London, Heinemann, 1922; reprinted Hong Kong, Oxford University Press, 1986)

Mayers, William F, *Treaties between the Empire of China and Foreign Powers* (Shanghai, The North-China Herald, 1906, Fifth Edition)

Mayers, William F, Dennys, N.B. and King, Charles, *The Treaty Ports of China and Japan* (London, Trübner & Co, 1867)

Menzies, Gavin, *1421: The Year China Discovered America* (London, Transworld, 2002; reprinted New York, Harper Collins, 2003)

Milne, A.A., London, *Winnie the Pooh* (Methuen & Co, 1926)

Morse, Hosea Ballou, *The International Relations of the Chinese Empire* (Shanghai, Kelly & Walsh, 1910)

Morse, Hosea Ballou, *The Chronicles of the East India Company trading to China: 1635-1834* (Oxford, Oxford University Press, 1926)

Mundy, Peter, 'A Visit to Macao, 1637' (*Macau Review of Culture*, Instituto Cultural, Macau, Vol 12, Oct 2004)

Otness, Harold M, *Toiling and Rowing, and the Wind Country: A Hundred years of Westerners in the Nantai District of Foochow, 1842-1942 – A Guidebook of the Remains* (Ashland, Southern Oregon State College Library, 1994)

Paine, Ralph F, *The Old Merchant Marine* (published by Authorama on the internet)

Pan, Lynn / Pan Ling, *In Search of Old Shanghai* (Hong Kong, Joint Publishing Company, 1982)

Pan, Lynn, *Tracing it Home: Journeys around a Chinese Family* (London, Secker & Warburg, 1992)

Pitcher, Philip Wilson, *In and About Amoy: some historical and other facts connected with one of the first open ports of China* (Shanghai and Foochow, Methodist Publishing House in China, 1912; reprinted Taipei, 1972)

Polo, Marco, *The Travels* (Harmondsworth, Penguin, 1958)

Pott, F. L. Hawks, *A Short History of Shanghai* (Shanghai, Kelly & Waksh, 1928)

Pratt, Sir John T, *China and Britain*, (London, Collins, c1945)

Ripon, Élie, 'Voyages in the South China Sea, 1622' (*Macau Review of Culture*, Instituto Cultural, Macau, Vol 12, Oct 2004)

Rockhill, William Woodville, 'Diplomatic Missions to the Court of China: The Kotow Question II', in *The American Historical Review*, Vol 2, no. 4, Jul 1897, pp. 627-643)

Rose, Sarah, *For All the Tea in China* (London, Hutchinson, 2009)

Rydings, H. A, 'Problems of the China Trade a Century Ago: Two Letters on Transit Passes' (*Journal of the Royal Asiatic Society, Hong Kong Branch*, Vol 22, Hong Kong, 1983)

Sayer, Geoffrey Robley, *Hong Kong 1841-1862: Birth, Adolescence and Coming of Age* (London, Oxford University Press, 1937; reprinted Hong Kong, Hong Kong University Press, 1980)

Selby, Anne and Stephen, 'China Coast Pidgin English' (*Journal of the Royal Asiatic Society, Hong Kong Branch*, Vol 35, Hong Kong, 1997)

Singer, Aubrey, *The Lion and the Dragon: The*

Story of the First British Embassy to the Court of the Emperor Qianlong at Peking, 1792-94 (London, Barrie & Jenkins, 1992)

Siu Kwok-kin, Anthony, 'A Study of the Ch'ing Forts on Lantau Island' in *Journal of the Royal Asiatic Society, Hong Kong Branch*, Vol. 19, 1981, pp. 195-199

Smith, RJ, Fairbank, JK, and Bruner, K (eds.), *Robert Hart and China's Early Modernisation* (Cambridge and London, Harvard University Press, 1991)

Spence, Jonathan, *The Search for Modern China* (New York and London, Norton, 1990)

Staples-Smith, Harold, *Diary of Events and the Progress on Shameen: 1859-1938* (Hong Kong, private publication, 1938)

Staunton, George Leaonard, *An Authentic Account of an Embassy from the King of Great Britain to the Emperor of China ...* (London, J Nicol, 1797)

Thomas, Gould H, *An American in China 1936-1939* (New York, Greatrix Press, 2004)

Tsang, Steve, *A Modern History of Hong Kong* (Hong Kong, Hong Kong University Press, 2003)

Uhalley, Stephen Jnr, The Taipings at Ningpo: The Significance of a Forgotten Event (*Journal of the Royal Asiatic Society, Hong Kong Branch*, Vol 11, Hong Kong, 1971)

Van Dyke, Paul A, *The Canton Trade: Life and Enterprise on the China Coast 1700-1845* (Hong Kong, Hong Kong University Press, 2005)

van Rechteren, Seyger, 'Sailing the China Coast, 1622' in *Macau Review of Culture*, Macau, Vol 12, October 2004, pp. 112-115

van Veen, Ernst, 'Dutch Trade and Navigation in the South China Sea during the 17th Century' in *Macau Review of Culture*, Macau, Vol 11, July 2004, pp. 115-135

Villiers, John, 'Silk and Silver: Macau, Manila

and Trade in the China Seas in the Sixteenth Century' (*Journal of the Royal Asiatic Society, Hong Kong Branch*, Vol 20, Hong Kong, 1980)

Waters, Dan, 'Hong Kong Hongs with Long Histories and British Connections' (*Journal of the Royal Asiatic Society, Hong Kong Branch*, Vol 30, Hong Kong, 1993)

Wei, Betty Peh-t'i, 'Juan Yüan's Management of Sino-British Relations in Canton, 1817-1826' (*Journal of the Royal Asiatic Society, Hong Kong Branch*, Vol 21, Hong Kong, 1981)

Wei, Betty Peh-t'i, *Shanghai: Crucible of Modern China* (Hong Kong, Oxford University Press, 1990)

Wills, John E. Jnr and van Dyke, Paul, '442 Years of Anomaly in Macau, and Counting' in *Harvard Asia Pacific Review*, Summer 2000

Wood, Frances, *No Dogs and Not Many Chinese* (London, John Murray, 1998)

Wright, Arnold (ed.), *Twentieth-Century Impressions of Hong Kong, Shanghai and Other Treaty Ports of China* (London, Lloyd's Greater Britain Publishing Company, 1908)

Zhang Tingmao, 'On the Portuguese Trade in China, 1513-1520' in *Macau Review of Culture*, Macau, Vol 15, July 2005, pp. 180-88

索引

266

267

271